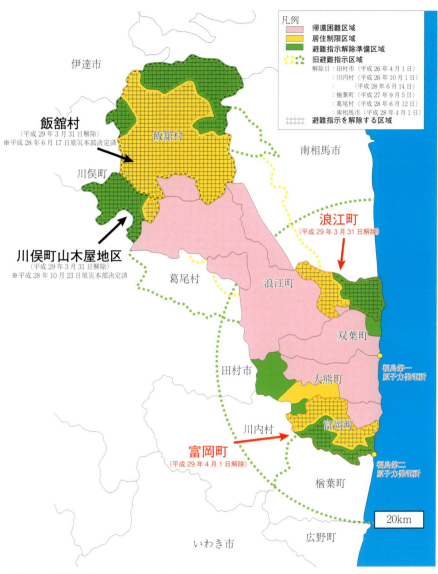

福島県の避難地域概念図（2018年3月現在）
資料：福島県Webページ参照、新たに作図

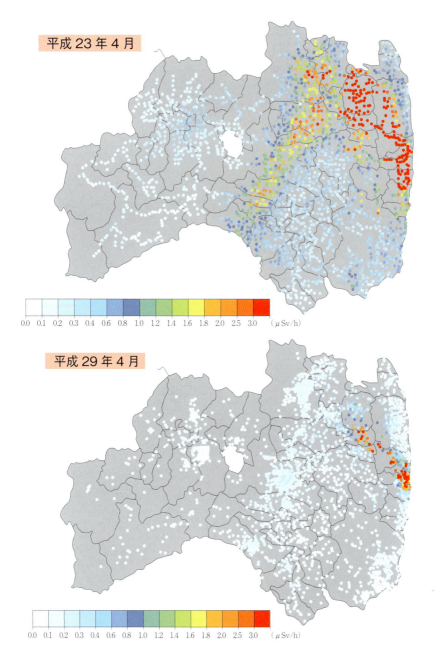

福島県における空間放射線量の推移
資料:福島県Webページによる。

社会科教育と災害・防災学習

東日本大震災に
社会科はどう向き合うか

日本社会科教育学会
［編］

明石書店

目次

序に代えて——社会科は災害・防災学習にどのように役立てられるのか？●初澤敏生　5

第Ⅰ部　被災地の現実を知る …………………………………………… 13

　第1章　福島県における被災地の実態と課題●初澤敏生　14

　第2章　震災の記憶・教訓の語り継ぎ
　　　　　　――宮城から次世代・未災地へ経験をつなぐ市民のチカラ●小田隆史　23

　第3章　岩手県における被災地の実態と課題●山崎憲治　33

第Ⅱ部　原発事故と福島県の水産業 ………………………………… 43

　第4章　福島県内の漁業の現状と再生に向けた取り組み●濱田武士　44

　第5章　水産業の現状から社会科は何を学ぶか●白尾裕志　54

第Ⅲ部　原発事故で求められたメディアリテラシーと
　　　　　リスクコミュニケーション ………………………………… 65

　第6章　インターネットメディア情報の視点から見た原発事故●伊藤 守　66

　第7章　原発事故と生活の安全をめぐる授業実践●大矢英世　78

　第8章　原発事故とシティズンシップ教育●小玉重夫　89

第Ⅳ部　東日本大震災からの復興と社会科 ………………………… 95

　第9章　東日本大震災からの復興とまちづくり
　　　　　　――原発被災地の復興とコミュニティ形成●天野和彦　96

　第10章　小6「わたしたちの願いを実現する政治」の実践●星 博子　108

第Ⅴ部　被災地における社会科学習の課題 ………………………… 117

　第11章　岩手県の被災地における学校の震災対応と災害学習●山崎憲治　118

第12章　宮城県の津波被災地における中学校社会科の課題 ●宮本靜子　130

第13章　福島県の原子力災害被災地における地域学習の現状と課題
　　　　　●池　俊介・鎌田和宏　140

第Ⅵ部　東日本大震災の経験をどのように授業に活かすか
―― 東北地方の実践 ………………………………………………… *151*

第14章　震災後の福島県の農業に関する授業
　　　　――小学校3年生の地域教材の実践●渡邊智幸　152

第15章　震災後の福島県の農業に関する授業
　　　　――中学校日本地理の学習の実践●小松拓也　162

第Ⅶ部　東日本大震災の経験をどのように授業に活かすか
―― 東北地方以外での実践 ………………………………………… *171*

第16章　3.11後を生きるための社会科教育試論
　　　　――三つの実践から考える●板垣雅則　172

第17章　地域問題学習としての防災学習のあり方
　　　　――千葉県鋸南町における災害弱者をめぐる授業実践を通して
　　　　●石井俊道　182

第18章　東日本大震災の経験を活かしたカリキュラム・マネジメント
　　　　――静岡県における小学校社会科・総合的な学習を事例として
　　　　●大宮英揮　193

第Ⅷ部　被災地復興と社会の防災に対する社会科教育の役割 ………… *203*

第19章　東日本大震災前後の防災活動の特徴とその変化●宮城豊彦　204

第20章　社会科は大規模自然災害にどう向き合うのか●大澤克美　211

あとがき●井田仁康　221

序に代えて
——社会科は災害・防災学習にどのように役立てられるのか？

初澤敏生

はじめに

　東日本大震災後、熊本地震、岩手豪雨、鳥取県中部地震、九州北部豪雨など自然災害が多発している。このような状況を受けて、防災教育への関心が高まり、多くの学校で防災教育が実践されている。しかし、何をもって防災教育とするかに関しては必ずしも明確ではない。また、防災教育は総合的な学習の時間や特別活動の中で取り上げられるケースが多いが、それだけでは体系的な知識などを身につけることは困難であり、また、学校間で教育内容にも大きな差が現れている。これらの点を改善するためには、防災を教科教育の枠組みの中で取り上げ、学習を深めていくことが重要である。

　一方、災害の現れ方は地域によって大きく異なる。そのため、災害に備えるためには災害の一般的な特徴を把握したり、特定のマニュアルに沿って行動したりするだけでは不十分で、災害がその地域でどのように現れるのかを把握しておかなければならない。すなわち、防災について考えるためには災害に関する一般的な特徴・対応方法だけでなく、地域的な災害の特徴・対応方法についても取り上げていかなければならない。そのため、筆者は防災教育を進めるにあたっては、「地域」を取り扱う社会科が、特に大きな役割を果たすと考えている。

　本書には東日本大震災に関する様々な論考や実践が収録されている。東日本大震災は未曾有の被害をもたらしただけでなく、地震に加えて津波、原子力災害をももたらした。これまで、わが国の防災や災害に関する学習では地震や洪水に関するものが多かった。これは学習素材としてできるだけ身近で具体的な

事例が必要なためである。しかし、東日本大震災の経験は、身近に経験した災害以外にも備えなければならない災害があることを示した。本書に収録している様々な論考・実践は東日本大震災に関する経験と、今後、他地域で発生する災害に備えるための授業のヒントを伝えてくれるだろう。

本書では多くの実践を通じて、社会科が果たすべき災害・防災教育の役割について考察するが、ここでは、まず学校教育における防災教育の目的について検討することにしたい。

1．防災教育の目的

防災教育は何を目的として行われるのであろうか。これに関しては、文部科学省が「防災分野の研究開発に関する委員会」（2007年）の中で以下の四つの力を児童・生徒が身につけることを目標として示している。

①それぞれが暮らす地域の災害や社会の特性、防災科学技術の知見等についての知識を身に付け、防災・減災のために事前に備え、行動する能力
②自然災害から身を守り、被災した場合でもその後の生活を乗り切る能力
③災害からの復興を成し遂げ、安全・安心な社会に建て直す能力
④進んで他の人々や地域の安全を支える能力

また、『「生きる力」を育む防災教育の展開』（2013年）では防災教育のねらいとして、『「生きる力」をはぐくむ学校での安全教育』（2010年）に示した安全教育の目標に準じて、次の三つを示している。

①自然災害等の現状、原因及び減災等について理解を深め、現在及び将来に直面する災害に対して、的確な思考・判断に基づく適切な意志決定や行動選択ができるようにする。
②地震、台風の発生等に伴う危険を理解・予測し、自らの安全を確保するための行動ができるようにするとともに、日常的な備えができるようにする。
③自他の生命を尊重し、安全で安心な社会づくりの重要性を認識して、学校、家庭及び地域社会の安全活動に進んで参加・協力し、貢献できるようにする。

両者には共通する内容がある一方、異なっているものもある。『「生きる力」

を育む防災教育の展開』では、「安全教育」をベースとして作成されているため、東日本大震災を受けて直面する災害に対してどのように対応するかが重視されている。一方、「防災分野の研究開発に関する委員会」(2007年)の資料では事前・事後の対応にまで幅を広げ、多くの学習内容を示しながら目標が示されている。教科教育と結びつけながら捉えるにあたっては、2007年の資料の方が活用しやすい。そこで、筆者は2007年の資料をベースとして、子どもに以下の三つの力を身につけさせることを防災教育の目的として設定したい。
　①地域を知り、災害に備える力
　②発災時に生き抜く力
　③復興する力
　以下、これらの内容について考えてみたい。

2．防災教育で身につける力

　次に、防災教育で身につける力について詳しく検討したい。
　まず、「地域を知り、災害に備える力」について取り上げる。この力は、「地域を知る」ことと「災害に備えること」の二つからなる。災害の発生状況には地域差が非常に大きく、地域によって備えなければならない災害は異なる。防災教育でもっとも必要なことは「この場所では災害時にどのようなことが起こるのかを知る」ことである。災害に備えるためには、どこで、何が起こるのかを知らなければならない。逆に言えば、それを知ることを通して危険な場所を認識したり、災害時の行動を考えたりすることができる。一方、災害のメカニズムなど理学的な側面には深入りする必要はない。また、これを知ることは、「発災時に生き抜く力」の育成にもつながる。特に発災時の避難行動を考えるうえで、これは不可欠である。加えて、その地域の地形や土地利用、社会的な特徴の違いも、災害時の被害と密接に結びついている。これらを正しく知るための地域学習が防災教育の基本であり、その上に災害への対応がある。この学習で中心的な役割を果たすのが社会科である。
　また、「災害に備える力」も社会科と密接な関連をもつ。ここで留意しなければならないことは、「事前の備え」を防災施設や防災組織の強化などに限定してとらえてはいけないことである。確かに、災害に備えて堤防などの施設を

強化したり、消防団などを充実させたりすることは減災上意味がある。しかし、それだけを重視していると、ハード依存型の防災対策となってしまう。その前に地域特性を踏まえたうえで備えるべき災害や対応を考えることができるようにしなければいけない。その中で防災対策の選択などを含めた考察を行うことが必要である。また、ここで重視したいのは「事前復興」の視点である。「事前復興」とは、阪神・淡路大震災後に注目されるようになった概念で、災害が起こる前から進める防災のためのまちづくりなどを意味する。これを進めておくことで災害時の被害を軽減するとともに、復旧のスピードを上げることが可能になる。東日本大震災時には、この対策が大きな効果を発揮した。つまり、防災は総合的なまちづくりや地域の課題解決と結びつけながら考えていかなければいけないもので、単に施設の整備などで置き換えられるものではない。このためにも地理的・公民的な内容の学習が重要になる。このように考えれば、「地域を知り、災害に備える力」は「発災時に生き抜く力」や「復興する力」とも密接に結びついている。この学習が防災教育の基礎となる。

　「発災時に生き抜く力」を身につけるには、避難訓練を軸とした学習が重要である。ただし、これにあたっては、「地域を知り、災害に備える力」で学習した内容を活用しなければならない。避難訓練を行うにあたっても、どのような災害を想定するかで、その内容は異なる。避難所や避難ルートの設定も、想定によって異なる可能性がある。これらの想定に合わせて、日ごろから避難路などの整備を進めておくことも求められる。訓練の実施にあたっては、学校だけではなく町内会なども含めて地域全体で取り組むことも必要である。

　「復興する力」では、その対象は、まち、社会など多岐にわたる。このうち、まちづくりに関しては事前復興との共通性が大きい。一方、社会の復興に関しては被災地以外で学習することは難しいが、類似する学習を進めることはできる。被災地で生じている様々な問題は、必ずしも災害によってもたらされたものばかりではない。元々地域が内包していた問題が激しい形で表れたものも多い。そのため、「元に戻す」だけでは地域を復興させることはできない。地域が抱えている課題を見いだしたうえで、それをどのように解決していくかを考えなければならないのである。これにあたっては、学校教育がこれまで行ってきた課題解決学習の実践の成果を活用することが可能である。このように考えれば、教科教育こそが防災教育の要であり、大きな役割を果たさなければなら

ないことが理解できよう。逆に言えば、従来の授業の中にも「防災」に活用できる内容は少なからずあり、それらを活用してカリキュラムを形成していくことが求められる。

3. フィールドワークの重要性

　これらの学習を進めるうえで、有効な活動がフィールドワークである。フィールドワークにおいて最も重要なことは「危険箇所の確認」であると考える。災害には起こりやすい場所と起こりにくい場所がある。例えば、水害であれば低地に被害が集中しやすい。そのようなことをあらかじめ知っておけば、発災時にそのような場所には近づかなくなる。中学校であれば等高線の学習をかねて座学での学習も可能であるが、小学校での防災教育においては座学での学習だけでは不十分で、このような実地指導の有効性は大きい。さらに、そのような学習を積み重ねることにより、たとえ知らない場所でも「このようなところは危ない」と認識できるようになる。この活動から生まれるものが防災マップである。児童が自らの目で確認した危険箇所を地図中に示すことによって、自分の安全を確保することができるようになる。

　作成する地図は「防災マップ」に限定する必要はないと考える。通学路の危険箇所や危険な遊び場、犯罪に遭う可能性の高い場所なども含めて地図を作成してもよい。「安全・安心マップ」の中に防災情報を付け加える、というイメージである。こうした方が地域社会との連携も容易になるのではないだろうか。ここで重要なことは、「必ず自分の足で歩いて確認したうえでマップをつくること」である。自分で確認する場合とあらかじめ準備された資料で学習するのとでは効果が全く違う。また、フィールドワークは保護者や地域の方々と一緒に行うことが効果的である。危険箇所を一緒に確認することによって安全なまちづくりを進めるための共同認識を作ることができる。特に通学路の安全確保などについては、地域住民の協力が不可欠である。

4. 福島県の中学校における防災教育

　では、現場ではどのような防災教育が行われているのであろうか。表1は

福島県の公立中学校で行われている授業の中で、どのような災害が取り上げられているのか、その状況を示したものである[(1)]。調査は福島県の公立中学校222校を対象として郵送式アンケート方式で行われ、2015年9月に実施、171校から有効回答を得た。有効回答率は77.4%である。

この結果を見ると、学区内で発生する可能性の高い災害ほど授業中に多く取り上げられていることがわかる。また、社会科では学区内で発生する可能性の低い様々な災害に関しても取り上げられており、社会科教育が防災面でも大きな役割を果たしていることが確認できる。また、社会科では各災害を地域の歴史の中で捉えている実践も多く、一般的な災害として取り上げられた学校に対して、地震と火災は約40%、土砂災害と原子力災害では約30%、水害と雪害、暴風・竜巻では約25%の学校が取り上げている。地域の災害史の掘り起こしが盛んに行われていることがうかがわれる。

一方、総合的な学習の時間では、社会科の半分程度しか災害について取り上げられていない。総合的な学習の時間では、必ずしも防災教育は中心的なテー

表1　授業の中で取り上げた災害

	学区内で発生する可能性が高い災害	社会科で一般的な災害として取り上げた学校	社会科で地域の過去の災害として取り上げた学校	総合で一般的な災害として取り上げた学校	総合で地域の過去の災害として取り上げた学校
地震災害	140	130	54	27	26
火事災害	103	114	48	23	25
土砂災害	95	105	31	12	14
水害	89	103	25	12	12
雪害	79	101	25	12	12
暴風・竜巻災害	52	85	23	8	6
原子力災害	46	61	21	7	5
火山災害	31	60	3	6	5
津波災害	16	31	2	3	0
その他	5	3	2	1	0

資料：田辺（2016）による。

マとはなっていないのである。ただし、総合的な学習の時間では、地域の過去の災害が取り上げられている比率が、社会科に比較して大きい。総合的な学習の時間の防災教育は、地域の過去の災害に着目した学習が中心になっているといえる。

社会科と総合的な学習の時間を比較すると、総合の方が地域の過去の災害を取り上げる比率は大きなものの絶対数は少なく、社会科における災害学習の位置づけが大きい。

おわりに

以上、防災教育の目的と内容などについて検討を加えた。防災教育は教科教育の枠組みの中だけではとらえられない内容をもっている。しかし、防災教育を体系化していくためには教科教育との連携が必要であり、特に社会科の担う役割は大きい。

防災教育はまだ十分な研究が蓄積されておらず、課題も決して小さくない。特に防災教育の体系的なカリキュラムの構築は、その重要性が指摘されながらも試論段階にとどまっている。社会科教育のみならず、合科的な取り組みも含めた各教科教育との連携を視野に入れながら検討を進めていくことが必要である。

《注》
(1) 田辺弥恵子「社会科教育における防災教育のあり方」福島大学人間発達文化学類卒業論文、2016

第I部

被災地の現実を知る

第1章

福島県における被災地の実態と課題

初澤敏生

はじめに

　東日本大震災は福島県に大きな被害を与えた。地震と津波による被害も甚大であったが、福島県を特徴付けているのは、日本で初めて発生した大規模原子力発電所事故である。原子力発電所からの大量の放射性物質の漏出は地域住民に長期間の避難を強制した。長期間にわたる避難は多数の関連死（避難にともなう死者）を生み出している。また、原子力発電所事故は農産物を中心として風評被害をもたらした。風評被害は特に原子力災害に特徴的に現れる現象であり、東日本大震災時には特に大規模に発生した。以下、福島県の被災状況とそれが生み出した課題について検討する。

1. 福島県における東日本大震災の被害と広域避難

　福島県における東日本大震災の被害は、死者4,063名、行方不明2名、重軽傷183名、家屋の全壊15,244棟、家屋の半壊80,803棟などに上る。また、避難者は2018年5月現在で45,417名にのぼり、震災から7年が経過しても復興にはほど遠い状況が続いている。

　福島県における東日本大震災の影響として特筆しなければならないのは、東京電力福島第一原子力発電所の事故（以下、「1F事故」と略す）である。1F事故にともない福島県内は広範囲に放射能で汚染され、1Fの20km圏内と年間被曝量が20mSvを超える恐れがある地域が避難地域に設定された。その後の除染の進展などにより避難地域は順次縮小していったが、2018年3月現在でも

双葉町、大熊町の全域と南相馬市、浪江町、富岡町、葛尾村、飯舘村の一部が避難地域に設定されたままである（口絵参照）。ただし、空間放射線量は低減を続けており（口絵参照）、現在の避難地域においても復興拠点を設置し、復興を進めていく予定である。

　1F事故にともなう広域避難は、様々な影響をもたらしている。死者・行方不明者数を見ると、岩手県6,256名、宮城県11,789名、福島県4,035名と被災3県の中で福島県は最も少ないが、震災関連死は岩手県464名、宮城県926名、福島県2,202名と福島県が最も多い（2017年10月現在。資料の関係でp.14とは数字が異なる）。岩手県、宮城県では関連死は全死者数の1割未満であるが、福島県では半数を超える。また、震災に関連する自殺者も岩手県41名、宮城県48名、福島県87名と、福島県が最も多い（2017年3月現在）。これは1F事故にともなう避難の長期化により、過酷な生活を強いられていることの影響であると考えられる。

　福島県における避難者数の推移を図1-1に示した。2012年に16万人を超えた避難者はその後減少し、2018年2月には5万人を下回る水準となった。かつて10万人以上いた県内避難者は2万人を下回っているものの、県外避難者はピーク時の6万人余から半減した程度にとどまっている。県外避難者は関東・東北・北海道地方を中心に全国に及んでいる（図1-2）。避難解除された地域においても2018年1月現在の帰還率は15.3%にとどまり、避難は今後も長期にわたり続くものと考えられる。

　避難者の特徴として指摘できることに、子ども（18歳未満）の比率が大きいことがある。図1-3に子どもの避難者数の推移を示した。2018年4月現在、避難者の約38%が子どもである。子どもの避難者数の減少の比率は、避難者数全体の減少の比率に比べて小さい。大人に比べて、子どもは避難を継続する傾向が強くなっているのである。避難地域内の学校は福島県内の各地に学校を移して教育を続けているが（図1-4）、在校生は少なく、教育上も様々な課題を抱えている。この点については第13章で詳しく検討する。

　また、図1-5に福島県内のどの地域から子どもが避難しているのかを市町村別に示した。原発周辺地域からの避難者が多いことは当然であるが、避難地域ではない郡山市や福島市からも多数の子どもが避難している。これは多数の子どもが自主避難していることを示している。本書においては、自主避難者を

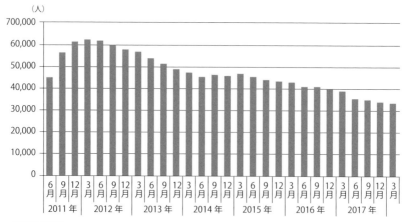

県外避難者数

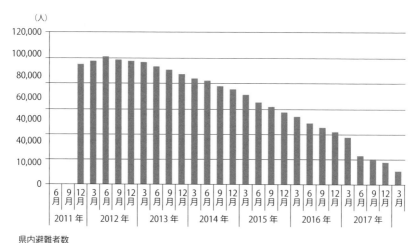

県内避難者数

資料：福島県資料により作成。

図 1-1　福島県における避難者数の推移

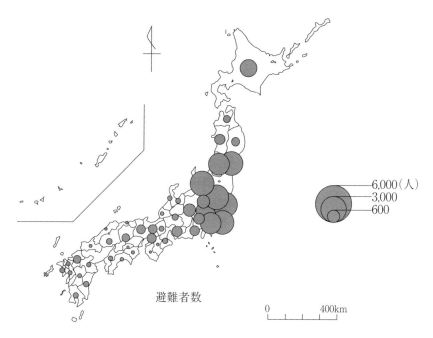

資料：福島県資料により作成。

図1-2 都道府県別避難者数（2018年2月現在）

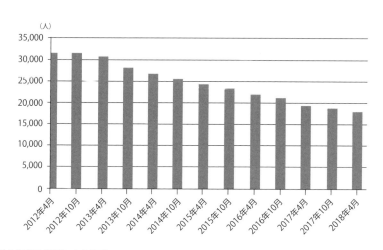

資料：福島県資料により作成。

図1-3 子ども（18歳未満）の避難者数の推移

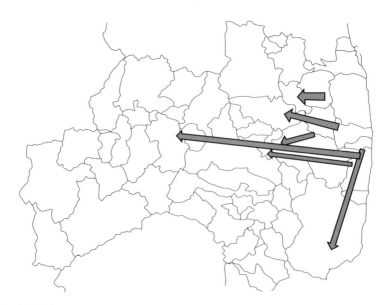

資料：筆者作成。
図 1-4　学校未帰還地域（2017 年 5 月 1 日現在）の小中学校の開校地

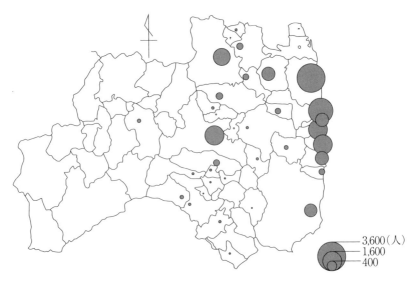

資料：福島県資料により作成。
図 1-5　子ども（18 歳未満）の市町村別避難者数（2017 年 10 月）

対象とした研究はなされていないが、自主避難者が直面している教育的課題も大きく、今後検討が必要である。

このように、福島県では第二次世界大戦中の原爆による被害を除けば、我が国で初めての大規模原子力災害を経験し、多くの住民が広域かつ長期間にわたる避難生活を余儀なくされている。このような状況は学校教育にも大きな影響を与え、様々な実践が行われることになった。第Ⅱ部以降では、それらの実践を具体的に紹介する。

2. 福島県における東日本大震災後の農業の動向

授業実践を進めるにあたっては、地域の実態把握が前提となる。そこで、次に後の実践で取り上げられている福島県の農業について震災後の動向を検討することにしたい。

図1-6に福島県の作物別の農業算出額の推移を示した。農産物の産出額は2008年に2,500億円を超えるが、2011年には1,851億円にまで減少した。そ

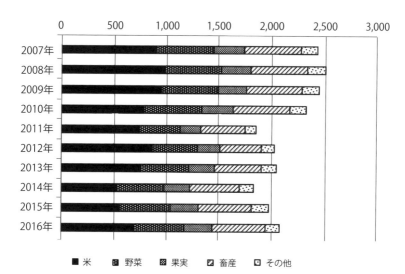

注：金額は各年の名目値であるため、GDPの数値とは一致しない。
資料：「福島県統計年鑑」により作成。

図1-6 福島県の作物別農業産出額の推移（単位：億円）

の後、2012年、13年、16年には2,000億円を超える水準にまで回復するが、2014年は1,837億円、15年は1,973億円と再び2,000億円を割り込んでいる。このような産出額低下の中心的な要因となっているのが米の産出額の低下である。2009年まで900億円を超えていた米の産出額は2010年に791億円に低下、東日本大震災のあった2011年には750億円となった。その後2012年に867億円と回復するものの、13年754億円、14年529億円、15年563億円と急激に低下する。2016年には692億円と大きく回復するものの、震災時に大きく低下しながらもその後は回復基調にある野菜や果実とは異なる動きを示している。この結果、農業産出額に米が占める比率は2006年の39%から2015年の29%、2016年の33%へと低下した。

米の産出額低下の要因の一つは生産量の減少である。震災前には43～44万tに達していた福島県の米の生産量は2011年には35万tにまで減少、その後38万tにまで回復している（図1-7）。ただし、これだけでは、特に2013、14年の産出額の減少は説明できない。数量の減少と同時に価格が低下していることがもう一つの要因である。

図1-8に福島県産米（コシヒカリ）の相対価格の推移を示した。参考に新潟県産米（コシヒカリ、一般）の価格も示した。全体的に新潟県産の価格が高く、

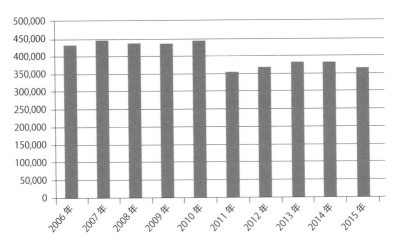

資料:「福島県統計年鑑」により作成。

図1-7　福島県の水稲生産量の推移（単位：t）

会津産がそれに次ぐ。中通り産と浜通り産はほぼ同じ水準で最も価格が低い。2008〜09年では新潟県産に比べて会津産は92〜94％、中通り産は87〜88％の水準である。2010年には会津産は同88％、中通り産は同80％にまで低下した。2011〜13年は会津産は同90〜94％、中通り産は同79〜86％で推移したが、2014年は会津産は同85％、中通り産は同64％に急落、2015年は会津産は同84％、中通り産は同74％となった。2016年は県内産米の価格の地域間の差は縮まり、新潟県産米の86〜87％の水準にとどまっている。この価格推移の動向は、米の産出額の動向とほぼ一致する。すなわち、福島県産米の価格の低下が福島県の農業産出額を減少させているのである。

その他の作物はどのようになっているのであろうか。図1-9に東京都中央卸売市場における福島県産果実の価格の推移を示した。果物の価格は年による変動が大きいため、各年の全国平均価格を100とした指数で示している。2017年現在で、ブドウと日本ナシに関しては価格は震災前水準にまで回復しているが、モモとリンゴは回復が遅い。今後、福島県の農業生産を回復させるためには、価格水準の回復が不可欠である。

以上、東日本大震災後の福島県農業の動向を概観した。福島県の農業に関し

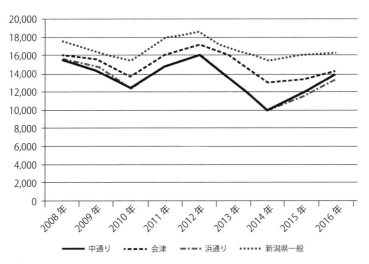

資料：農林水産省Webページにより作成。

図1-8　福島県産米（コシヒカリ）の相対価格の推移（玄米60kgあたり円）

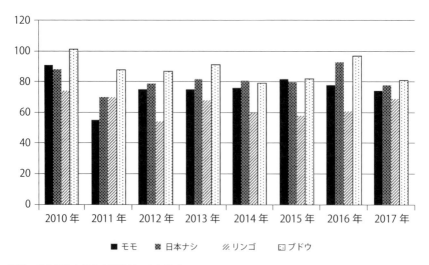

資料:東京都中央卸売市場資料により作成。

図1-9　東京都中央卸売市場における福島県産果実の価格の推移（各年の平均価格を全国を100とした指数で示した）

ては、1F事故の影響による風評被害が指摘されることが多いが、内容を詳しく分析していくと、それだけでは説明のつかない、様々な動きのあることがわかる。授業づくりを進めるにあたっては、多面的な視点から取り上げて行くことが必要である。

おわりに

　本章では、東日本大震災にともなう被害と1F事故が与えた影響を、地域住民の避難と農業への影響を中心に捉えた。地域住民の広域避難は、子どもの学習環境に大きな負の影響を与えており、その改善が求められている。また、教育内容面においては、現在発生しつつある事態をどのように捉え、授業化していくのかが問われることになる。その中心となるのは社会科であろう。

　後の章においては、被災地の学校が抱える課題や、様々な学校における教育実践の分析が行われる。これらを参考に、各地で多くの実践が行われることを期待する。

第2章

震災の記憶・教訓の語り継ぎ
―― 宮城から次世代・未災地へ経験をつなぐ市民のチカラ

小田隆史

はじめに――移ろいゆく被災地の風景

　東日本大震災から7年が経過した宮城県では、少しずつ変化の歩みが感じられる。道路や橋梁、河川などの復旧といった公共土木施設の県の災害復旧事業はほぼすべてが着手され、7,279億円が投じられたこれら復旧事業のおよそ9割が完了しつつある。また、12市町195地区で計画されている防災集団移転事業では、全地区において造成がはじまり、一部では住宅の建設や入居が進んでいる。災害公営住宅事業では、2017年末時点で、計画されている16,093戸のうち、既に21市町、305地区、15,219戸の工事が完了した[1]。

　町内中心街のほぼ全域が津波で流出した女川町では、約7m嵩上げして内陸に再建されたJR女川駅前に、2015年12月からテナント型商店街「シーパルピア女川」が営業を開始した。運休していたJR石巻線の終着駅でもある女川の復興を確かめようと休日に足を運ぶ人も少なくない。今では、町の主要な産業である水産業を支える魚市場や大型の冷凍施設も再建され、加工品が世界に輸出されている。

　東松島市の野蒜(のびる)地区では、高さ3.7mの津波が襲ったJR仙石線旧野蒜駅のプラットフォームを遺し、2016年10月から「東松島市震災復興伝承館」がオープンした。同年11月には、切土して造成された防災集団移転先である北部丘陵地区（野蒜ケ丘地区）に278の宅地すべての引き渡しが終わり、これで市内七つの防災集団移転促進事業が完了したことになる。この地区には、旧野蒜小学校と宮戸小学校が統合してできた宮野森小学校の木造新校舎が完成し、震災後に生まれた子どもたちが、この春も入学した。

あの災害によって瞬く間に変えられてしまった故郷の景色、そして住み慣れた家を失って、新居の窓から望む街の風景とその現実に、人々は何を思うのだろうか。産業、暮らし、転居先でのコミュニティ形成などをめぐる諸課題については昨今研究が蓄積されつつあるため、別稿に議論を譲る。本章では、被災地の人々が震災前に送っていた当たり前の日常を記録し、凄惨な自然災害の現実とそれを繰り返さないよう、未災の世代や地域に伝えるべく語りはじめた人々の行動や、災害の伝承のための遺構保全の取り組みに焦点をあてる。また、自然災害に見舞われた際、グローバル社会において空間的に離れた場所にいる人々がどのように被災者の心に寄り添い支え、さらに自らの防災・減災への行動にも結実できるかを研究する宮城県での試みの一端をお知らせしたい。

1. 震災伝承のタテ軸・ヨコ軸

2017年8月から、宮城県に東日本大震災の記憶・教訓の伝承のあり方検討有識者会議が発足した。記憶はいずれ「風化」する。ある種の焦りにも似た被災者たちの感情を仄聞するなかで筆者もこの末席に加わった。こうしているうちにも、国内外で様々な自然災害が相次いでおり、被災体験がある人々の切迫感や、世間の記憶が薄れていくことに対する懸念に後押しされるように、教訓伝承、アーカイブ作成の取り組みが本格化した。特に、誰が、何を、どのように伝承するのかというソフト面での語り継ぎのあり方について具体的に検討したのは、東日本大震災に関していえばおそらく宮城県が初だろう。

　図2-1は、震災伝承の時間・空間イメージを示したものである。縦軸（時間軸）と横軸（空間軸）が交差している点を東日本大震災の発生地点であり、かつ最も著しい被害を受けたところだとすれば、この図では上に向かって未来を、右に向かって地理的に遠く離れた場所を意味する。横軸（空間軸）で交差地点に居て地震、津波、原発事故を経験した人たちにとって、縦軸（時間軸）の交差地点、つまり直後の経験はいうまでもなく強烈で、それが多くの人々の生活に著しい影響を与えた。

　縦軸（時間軸）に注目すると、時間が経っても癒えない傷を抱えて忘れたいのに忘れられないという人たちもいる一方で、当事者であっても経験の差や向き合い方により、未来に向かうに従って震災の記憶が薄れはじめている人たち

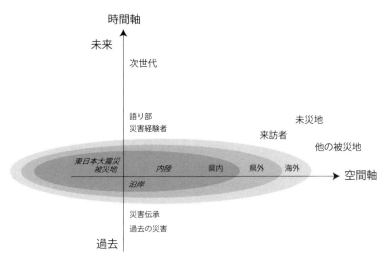

宮城県「東日本大震災の記憶・教訓の伝承のあり方検討有識者会議」資料（筆者作成）

図2-1　時間・空間で考える震災記憶・教訓の伝承

もいる。同じように震災を経験していても捉え方の微妙な差が存在しているのだ。

　横軸（空間軸）に着目してみると、多くの人たちが震災直後こそ被災地に対して思いを馳せたり行動したりしたが、被災地から距離が離れるほど、さらには縦軸が上に向かうほど、日常のなかで震災を意識することが少なくなっていることがわかる。

　被災地では現在も、地元紙や夕方のローカルニュースで、「震災」「復興」「防災」という言葉に触れない日はないが、ひとたび東北を離れると、その情報量は激減する。例えば、奥尻島の津波（北海道南西沖地震・1993年）、阪神・淡路大震災（兵庫県南部地震・1995年）や国外で起きたインド洋大津波（スマトラ沖地震・2004年）、ハリケーン・カトリーナ（米国・2005年）、四川大地震（2008年）、ハイチ大地震（2010年）など他の災害にこの交差地点を置き換えてみても同様である。つまり人類はその歴史のなかで、時間・空間の距離に従って、記憶や衝撃が薄らぐことを繰り返しているといえるのだ。

　グローバル化が進む現代社会では、遠い場所で起きている出来事を即時に知ることができるようになった。しかし一時の衝撃や共感は束の間で、ほどなく

して別のニュースに上書きされ、記憶が過去のものになってしまう。さらに長時間が経つと、被災地においてでさえ、人々の記憶から減衰し、また同じ災禍が繰り返されてしまう。

　今、そういったことに対する悔恨や反省が被災地の人々の気持ちを動かし、図2-1でいえば、タテ・ヨコの交差地点よりも下、つまり東日本大震災よりも前に同じ地域で起きた災害や言い伝えを再発掘しながら、自らの経験を次世代（上方向）に、今後予想される首都直下や南海トラフなども含めた他の地域（右方向）に語ろう、伝えようとする試みが行われている。

2. 語り継ぎのつながり、ひろがり

2-1　語りはじめた人々、無言のままたたずむ遺構

　自らの生活再建も途上のなか、被災した人々が少しずつ自身の震災経験を語りはじめた。やがて「忘れないでほしい」「是非現状を見てほしい」という声が各地に届き、「被災地に行くことが支援」という言葉が聞かれるようになった。それまで「野次馬」のごとく、観光目的で被災地を訪れることに躊躇していた外部の人々が次第に集団研修や個人旅行で津波の爪痕を訪ね歩くようになった。

　当然、人によって被災の程度や向き合い方の違いもあり、語りはじめの時期は異なるが、重い沈黙を破り、親族を失った無念や故郷で目の当たりにした凄惨な情景を言葉にしはじめている人は増えている。宮城県には、把握されているだけで、沿岸15市町のうち11の市町に20の「語り部」グループがある。

　他方、震災の犠牲者を追悼し、その惨たらしさを伝える遺構、遺物については保存か撤去かをめぐって、様々な議論が展開された。例えば、気仙沼市の鹿折地区に津波で打ち上げられた大型巻き網漁船は、遺構として整備したわけでもないのに人々がそこを訪れ、なかにはこの船を背景にピースサインをして自撮りする人まで現れた。そしていつの間にか駐車場やコンビニができ、外部から被災地を訪れる「観光スポット」のごとくなった。だが、その地に生活していた人たちが、そうした光景に触れるたびにつらい記憶を思い出し、心が傷つけられるといった意見が船主などに相次いで寄せられたため、漁船は解体された。一方で、児童74人、教員10人が犠牲となった石巻市の大川小学校旧校舎

は、卒業生の子どもたちの願いから、保存され公開されることが決まった。

　復興庁は、「犠牲者への追悼と鎮魂や、復興への強い意志を国内外に発信する」ため「復興祈念公園」を１県１カ所設置することとし、宮城県では石巻市でその整備が進められている。また、１自治体１カ所に限って、復興交付金を震災遺構の保存にかかる初期経費にあて、その後の維持管理は各自治体が負担することとした[(2)]。現在、震災を伝承するための遺構や慰霊碑、新たに設けられた伝承拠点は図 2-2 に示した通り、確認されているだけで 13 の市町に 32 カ所にのぼる。このなかにはかつて学校だった施設がいくつも含まれている。

　こうして、震災から７年目にしてようやく、津波による災禍を無言のまま訪れる人に伝えるハード面での目に見える形あるもの(tangible)のモニュメント化と、

1. 唐桑半島ビジターセンター＆津波体験館
2. リアス・アーク美術館
3. 岩井崎プロムナードセンター
4. 気仙沼市東日本大震災遺構（旧気仙沼向洋高等学校南校舎）
5. 南三陸町震災復興祈念公園
6. 石巻市復興まちづくり情報交流館北上館
7. 大川小学校旧校舎
8. 石巻市復興まちづくり情報交流館雄勝館
9. 震災遺構（旧女川交番）
10. 女川町まちなか交流館ロビー（震災関連展示コーナー）
11. 石巻市復興まちづくり情報交流館牡鹿館
12. 石巻市復興まちづくり情報交流館中央館
13. 旧門脇小学校校舎
14. 石巻南浜津波復興祈念公園
15. 震災復興伝承館・祈念ひろば・震災遺構
　　（旧野蒜駅プラットホーム）
16. 東日本大震災慰霊碑
17. 塩竈市東日本大震災モニュメント
18. 多賀城市東日本大震災モニュメント
19. 震災遺構仙台市立荒浜小学校
20. せんだい3.11メモリアル交流館
21. 未定（中央部メモリアル施設）
22. 3がつ11にちをわすれないためにセンター
　　（略：わすれン！）
23. 市民図書館「3.11震災文庫」
24. 震災復興伝承館
25. 震災メモリアル公園
26. 岩沼市千年希望の丘交流センター
27. 千年希望の丘相野釜公園
28. 鳥の海公園　鎮魂の碑
29. 吉田浜防災公園　お地蔵さん
30. 東日本大震災慰霊碑「大地の塔」
31. 山元町防災拠点・山下地域交流センター防災情報コーナー
32. 旧中浜小学校

図 2-2　宮城県内の震災遺構・伝承施設の位置
　　　　（宮城県資料をもとに作成・未公開の施設等も含む）

形のない目には見えないもの(intangible)の語り継ぎが、あの場所、あの時間から起きた出来事や光景を描写し、それらに目を向けさせ、耳を傾けさせるきっかけを与えはじめたといっていい。

2-2 成長しつづける市民のチカラ

ハード面での防災対策と遺構の保全に関する検討は進展している一方で、伝承、教育、啓発といったソフト面が後回しになっているのではないかとの指摘もある[3]。行政頼みの震災伝承に難色を示す意見も多い。「1自治体につき1遺構」保存支援といった機械的な遺構保全の方針を疑問視する声もある。もっとも、震災伝承や防災啓発は役所主導で行うべきと期待すること自体が「時代遅れ」なのかもしれない。

というのも、図2-1の交差地点、つまり東日本大震災の発生時は、官民が連携して、様々なステークホルダーが公の舵取りをしていく「新しい公共」時代のガバナンス(協治)が、日本社会のあらゆる側面で作用しはじめた頃だった。例えば阪神・淡路大震災が発生した1995年はまだ行政(ガバメント)主導に重点が置かれており、この点において大きく時代背景が異なっている。

また宮城県は、1985年に全国初のスパイクタイヤ規制条例を作って以降、地球環境問題に取り組む外国のNGOなどとの交流が深まり、宮城での市民活動も成長した。阪神・淡路大震災をきっかけにNPO法が整備されると、宮城県には多数のNPOが設立され、中間支援組織などが作られ、市民活動も活発におこなわれるなど、日本におけるNPO活動の先駆者や牽引役を生み出していった[4]、という背景もある。

現在、宮城県内の認証NPO法人の数は、821団体（2018年1月10日現在）にのぼるという[5]。震災後の生活再建や産業復興、まちづくりなどの担い手、舵取り役を担うステークホルダーの多くが、震災以前から成長してきた市民のチカラだったのである[6]。

2-3 伝承の主体としての市民のネットワークの拡大

このようにして様々な公共的プロジェクトの担い手としての市民の力が復興や防災にも直結するようになるなか、2015年3月には仙台市にて185の国連加盟国の代表や、国内外の防災関係者ら延べ15万人以上が参加した第3回国

連防災世界会議が開催された。市民によるフォーラムも被災地で多数開かれ、地元関係者の横のつながりにも寄与した。会議後の同年4月25日に、宮城県内の産学官組織、報道機関、NPO、大学研究者などが定期的に情報交換や勉強会を行う任意ネットワーク組織「みやぎ防災・減災円卓会議」[7]も発足し、2018年1月時点で89の団体、176人のメンバーが登録している。

　2016年3月には、仙台防災未来フォーラムが開催され、上述の円卓会議のセッションにて、「『同じ犠牲を繰り返さない』『同じ混乱と苦悩を繰り返さない』との誓いを確かめながら……（中略）……全世界に向けて、伝承と防災啓発の活動を推進することは、被災地に身を置く者すべての責務」とし、「震災伝承と防災啓発を統合的に担う拠点組織」の設立を目指そうとする動きが起こり[8]、拠点組織設立に向けた議論が活発化した。そして、冒頭に述べた宮城県における検討会議でも、円卓会議のメンバーらを含めた関係者が議論を進めている。

　また例えば石巻市では、それらの動きに先行して、震災伝承施設、復興祈念公園、震災遺構としての旧門脇小学校や大川小学校旧校舎保存に関する議論が進んでおり、2016年7月から震災伝承検討会議が「震災伝承計画」「震災遺構整備計画」を策定することとなり、三つの検討会議が設置された。メンバーが新潟県（中越地震）、兵庫県（阪神・淡路大震災）、広島県（原爆投下）の伝承実践を視察するなど、様々な角度から検討を重ね、2017年7月に検討結果が最終報告されている[9]。

　11月になると、石巻を中心に語り部活動を展開している有志たちが、震災伝承を行う個人や拠点を結ぶ「3.11メモリアルネットワーク」を結成した。それには37団体、170人を超える人たちが登録して、図2-2に示したように広域におよぶ語り部同士の学び合いや情報共有を行っていくため、活動基金を募っている。このような連携を通じて、震災体験を語りはじめた人々は、「伝えることの質を上げる」[10]取り組みに力を入れているという。

　こうした市民によるネットワークの動きを支えるのが先に触れた既存のNPOや支援者たちである。このなかには、もともと被災地との関わりはなかったが、震災後にこの地に住みはじめた人たちも含まれる。彼らは、「外部者」としてのある種の葛藤を抱きながらも、「外部者」ならではの知見やリソースを活かしながら復興に尽くし、重要な震災伝承の担い手たる住民となっ

ている。

　国の防災政策も、東日本大震災以降、市民のチカラに大きく依拠するよう転換していった。2012年に改正された災害対策基本法は、過去の災害からの教訓伝承を明文化した。同法はこうした教訓伝承の責任主体は「住民等」[11] であるとし、各地域での防災の取り組みにおいては、公助の限界を認識し、それぞれの地域に住まう一般市民がその責任主体である、とした。そして、国と地方公共団体に対しては、「過去の災害から得られた教訓を伝承する活動の支援」に務めることと定めた。

　この法律の趣旨に照らすまでもないことだが、上述の宮城県における震災伝承や防災啓発の仕組み作りは、県内外のNPOや地域の市民たちの活動を行政やメディア等が支える形で成長しつつある。そして、被災体験を語るだけにとどまらず、教訓を導き出す分析をして、相手の理解を得たうえで行動に移してもらう工夫を具体的に考えるようになってきた。こうした相手方の状況や社会を想像しながらの試行錯誤が繰り広げられている。

おわりに——受け手の想像力・感応力

　宮城県での震災伝承の検討結果は、本書が刊行される頃にはウェブ上[12] に公開されるので、それらの文書に委ねるとして、最後に、被災地から発信された教訓・メッセージを受け取る側——次世代や被災地の外にいる人たち——の在り方・応じ方について言及しておきたい。図2-1でいえば、ベクトルを逆方向にして交差地点に注目し、自分の暮らしへ置き換え、そして自分自身や大切な人たちが、同じような悲劇に直面しないよう、どんな行動ができるか想像してみることだ。これは犠牲者に対する追悼や供養と並んで重要だといえる。

　現代社会ではグローバル化／ネット社会の進展によって、空間的に離れた場所にいる人同士も、お互いを身近に感じることができるようになった。そして実際にその場に行かなくとも、その土地を想像することもできるようになっている（「時間—空間の圧縮」ハーヴェイ、1999 [13]）。とはいえ、個人が直接的に経験できるのは、目の前に広がる局所的な空間でしかない[14]。

　個人が生活を積み重ねて人生を構築するなかで、リアルに経験した空間や場所が果たしてきた役割を認識し、そのうえで空間的に離れた場所を「人

生を自分の周りに見える空間に関係づける」地理的想像力 (15) geographical imagination が、求められるのである。そしてこれは、発信する側と受信する側の双方に求められる。

　すなわち、被災地から遠く離れた人々に、一過性の知識や情報収集にとどまらず長期間考えさせ、また被災地に想いを馳せ、行動と実践に結実できるように喚起させる媒介者になってもらうためには、送り手側 (16) の工夫も必要なのだ。そうして、それを受け取った被災地域の外部にいる人々が、被災地の人々の状況を理解、共感し、それを己のものとして捉え、自らや身近な人たちの防災・減災に資する行動に結実できるか、ということなのである (17)。言い換えれば、グローバル化する社会のなかで、遠く離れた土地の人々の痛みを、どれだけ想像して、自分に置き換えて、内面化できるのかの問題なのである (18)。

　亡き人たちとの思い出のよすがを求めながら、あの地で人々が抱くだろう悔恨、哀惜、郷愁の想いに立ち入ることに多くの外部者は逡巡する。しかし、そこで立ち止まらず「目の前にはない」非日常の人々の命の重みや苦節に少しでも近づいてみることによって、身近な地域／社会と、遠い土地での出来事の両面に関心を向け、行動する存在を生み出していくことができる。そして、それこそが、語り継ぎの発信／受信（感応）の成立条件といえる。

　被災地の「内部者」と「外部者」、「被災者」と「支援者」などの二分法を超えて、記憶、経験、教訓を、遠い場所、そして遠い未来へ紡いでいく仲間として、これまで以上にダイナミックな新しい関係性が求められるのである。

　次期学習指導要領において社会科は、持続可能な社会づくりのための課題解決ができるグローバルな視点を涵養するカリキュラムへと転換しつつあるという。とするならば、本書がテーマとする「震災に向き合う社会科教育」を問うことは、時空を超えた想像力と共感を喚起する諸実践を助ける視点や資質を向上させるという意味において、また震災の語り継ぎに関わる多くの人々にとって、とても重要な期待を背負っていると言えるのではないだろうか。

《注》
(1) 宮城県「東日本大震災からの復旧・復興事業の進捗状況」（2017年12月末現在）
http://www.pref.miyagi.jp/soshiki/dobokusom/doboku-sintyoku-press.html（2018年2月12日最終閲覧）
(2) 復興庁、震災遺構の保存に対する支援について
http://www.reconstruction.go.jp/topics/m13/11/20131115_press_sinsaiikou.pdf（2018年2月12日最終閲覧）
(3) 河北新報　2018年1月20日付・社説「震災伝承／正念場の覚悟を共有しよう」
(4) 加藤哲夫『市民の日本語――NPOの可能性とコミュニケーション』ひつじ市民新書、2002
(5) みやぎNPO情報ネット　http://www.miyagi-npo.gr.jp/ninsyou/ninsyou_01.htm（2018年2月18日最終閲覧）
(6) 小田隆史「復興学習を通じたグローバルシチズン育成に向けて――東日本大震災と持続可能な社会づくり」日本社会科教育学会『社会科教育研究』、No.128、pp.20-29、2016
(7) 東北地方のブロック紙であり仙台に本社がある河北新報社に事務局を置いている。
(8) みやぎ防災・減災円卓会議アピール「東日本大震災の伝承と防災啓発の永続的な推進に向けて」（仙台国際センター、2017年3月12日）http://entaku.main.jp/entaku/（2018年2月18日最終閲覧）
(9) 次の論文に詳しい――佐藤翔輔「石巻市における震災伝承に関する3つの計画の策定プロセス」『地域安全学会東日本大震災特別論文集』No.6、pp. 53-5、2017
(10) みやぎ防災・減災円卓会議（2018年2月16日）における鈴木典行代表による講話。
(11) 災害対策基本法第七条（住民等の責務）3（中略）地方公共団体の住民は、基本理念にのっとり、食品、飲料水その他の生活必需物資の備蓄その他の自ら災害に備えるための手段を講ずるとともに、防災訓練その他の自発的な防災活動への参加、過去の災害から得られた教訓の伝承その他の取組により防災に寄与するように努めなければならない。
(12) 東日本大震災の記憶・教訓伝承のあり方検討有識者会議
https://www.pref.miyagi.jp/soshiki/fukusui/densyou-yuusikisyakaigi.html
(13) ハーヴェイ，デヴィッド（吉原直樹訳）『ポストモダニティの条件』青木書店、1999
(14) 松岡慧祐「個人と社会をつなぐ地図――現代社会における地理的想像力の可能性」『フォーラム現代社会学』7、pp.100-113、2008
(15) ハーヴェイ，デヴィッド（竹内啓一・松本正美訳）『都市と社会的不平等』日本ブリタニカ、1980
(16) 語り部やアーカイブからの教訓の導き出しや指南などを含む。
(17) 小田隆史「三・一一複合災害における避難の地理空間――『フィールド』体験と実践の記録から」『史林』Vol.96（1）、pp.167-207、2013
(18) こうした内面化を通じて、必ずしも被災地に縁のなかった人が、被災地にやってきて住み着いて伝承の主体になっているといった想像力の結果もみてとれる。

第3章

岩手県における被災地の実態と課題

山崎憲治

はじめに

　災害に見られる衝撃は、それぞれの地域がもつ弱点や課題が、異常な自然営力によって一気に顕在化した姿と捉えることができる。本章では、東日本大震災の特色を犠牲者の年齢構成から明らかにするとともに、岩手県の被災の特色を神社が立地する土地の条件から検討する。犠牲者の年齢構成から、地域社会が抱える課題が示され、また減災の可能性も示される。一方、岩手県の被災地では神社の被災が少なかった。神社は津波とどのような関連があるのか、避難地の可能性を見出しうるのかを問い直した。これらの課題の検討を通して、東日本大震災の岩手県における被害と減災の地域性を明らかにしようと考えた。

1. 犠牲者から見る東日本大震災

　もとにした資料は2012年3月11日の毎日新聞の犠牲者一覧と2010年の国勢調査である。この一覧には犠牲者男性7,257名、女性8,267名の氏名、年齢、住居市町村が示されている。このデータに不十分な点は多くある。行方不明者、関連死はこの段階ではデータに入っていない点、亡くなった場所と居住地が一致できない点、名前から男女を判断せざるを得ない点、年齢の不詳の方がみられる点での限界はある。しかし、被災の実際を個人にさかのぼって分析できる公表された資料として極めて貴重であると判断し、もと資料として活用することとした。

　図3-1は全国と岩手県の犠牲者数を、男女別、年齢階層別に示した。犠牲

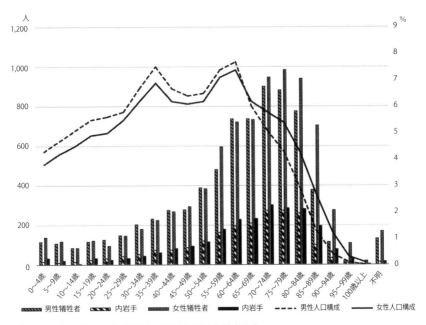

出典：2012 年 3 月 12 日毎日新聞、犠牲者一覧から筆者作成。
人口構成割合は 2010 年国勢調査、岩手、宮城、福島の沿岸部市町村の人口集計から作成。

図 3-1　犠牲者年齢別男女別構成（人）と年齢別人口構成（％）

者数の総数と岩手県の数値傾向に際立った相違を見ることはない。これは両地域が共通する課題を有していることを表している。二つの特徴をあげることができる。

　第一の特徴は、犠牲者の年齢別構成で、65 歳以上が占める割合が極めて高い点にある。全国の犠牲者のうち男性の 52.7％、女性の 57.1％が高齢者である。全国の高齢者人口構成は、男性 20.1％、女性 26.0％である。岩手県沿岸部では、犠牲者に占める高齢者の比率は男性 55.8％、女性 59.3％で全国より高い値を示している。岩手県沿岸部における高齢者人口構成比率は男性 27.8％、女性 35.6％である。岩手県沿岸部の犠牲者高齢者の比率が高い要因の一つに、高齢化が進んだ地域であることをあげることができる。しかし、犠牲者の構成割合は、全国、岩手県沿岸部とも人口構成割合を遥かに超える数値である。ここに、東日本大震災の大きな特徴を指摘することができる。高齢者は身体の動きが悪いから、犠牲になったのか。そうではなく高齢者は安全確保で

きない環境の下に置かれていた。ここに地域がもつ課題があるのではないか。高齢者の安全が十分に確保できない状況が生まれ、それを改善することなく事態が進行した。これらの数値は高齢者が避難できないという地域課題が表れている。自助、共助、公助の相互にかかわって避難の体制が確立せず、体力的に弱い年齢層に厳しい圧力がかかっていった、とみなすことができる。

高齢者に犠牲が多く出るのはいずれの津波災害でも共通するのか。1933年昭和の大津波における岩手県の犠牲者年齢構成を分析した山下（2005）[1]は、年齢構成で7.5％を占める61歳以上が、犠牲者の構成割合で9.1％に留まっており、高齢者が常に犠牲者の多数を占めることはない事実を報告している。

第二の特徴は、犠牲者の年齢構成でボトムを形成するのは、10歳から14歳である。小学校3年生から中学3年の学年に相当する年齢である。運動能力という点で10歳代後半あるいは20歳代の年齢者が、この年齢に比較して劣ることはない。犠牲者数を低く抑えた要因は何か。それは学校での避難行動の成果である。小学校3年生になれば、自ら進んで避難する行為、意識して避難する行為ができるようになるし、余裕があれば他者を助ける年齢に達している。避難の重要さを知る学習を経た避難行動によって、「命」が救われたという経験は、自身の成長になるし、将来次の世代へ体験を語ることにも繋がる。学校の避難行動は極めて重要な役割を果たした。岩手県沿岸の小中学校で、学校管理下での児童生徒の震災犠牲はゼロだった。犠牲になった例は、親が子どもを引き取った場合、あるいは当日学校を欠席して学校以外の場所で被災した例と思える。岩手県ではこの年齢層の犠牲が極めて少ない事実とその背景を勘案し、これを東日本大震災の被災に関する、岩手の特色の一つとしてあげたい。（詳細は第11章）。この年齢の犠牲が少ないことが、数値のうえで高齢者の犠牲者に占める比率を高めることにもなった。

2. 神社の立地と津波

岩手県北部から仙台平野にかけて海岸線は多様に展開する。岩手県北部洋野市種市から宮古市田老周辺まで隆起作用が生んだ海岸段丘と海蝕崖が連なる地形が展開する。途中、久慈川、野田川、普代川が作る沖積地を越えるが、海蝕崖は続き北山崎では150mを越える比高をもつ。小本川、摂待川の沖積地をこ

えて、宮古市田老に入る。このあたりから、リアス海岸の景観をもつ海岸線が展開する。沈水によって生まれる地形となる。V字型の深い入り江が出現する。入り江の奥にはいずれも河川の流入がみられ、河川から供給される真水はプランクトン豊富な汽水域を生んでいる。岬と入り江が織り成す複雑な出入りをもつ海岸線が牡鹿半島まで続く。石巻に出ると北上川の作る沖積平野が展開する。仙台平野を二分する松島丘陵の東端が沈水し、リアス海岸の地形が生まれ、さらに沈水が続き多島をもつ松島地区が生まれた。これを越えると、名取川、阿武隈川がつくる沖積地が続く。これらの変化に富む海岸の地形は、豊かな海の恵みをそこに住む人にもたらせ、海とのかかわりの深い地域がつくられていく。しかし、沿岸の地形を作ってきたプレートの動きは、巨大な津波を度々発生させてきた。人間の一生に一度か二度という頻度で大津波が発生する地域である。

　東日本大震災後、三陸北部沿岸部の被災地を廻れば、神社の被災が少ないことに気付く。神社は特別な位置にあったのか？　津波防災をあらかじめ意図して、神社の立地を定めていたのか。しかし、三陸のリアス海岸を離れ、仙台平野に入ると被災した神社を多く見るようになる。平野部農村の神社と漁村の神社の立地の違いはどこにあるのか。そもそも神社と海、あるいは当該地域集落コミュニティと海との関わりは、神社の位置に集約されていることはないのか。その地区が有する海と人々の関わりが、神社の立地を左右するのではないか。そこで神社立地を幾つかの類型に分け、それぞれの被災状況を示すことを試みた。神社が津波避難に対し有効であった事例を示し、避難所としての可能性と課題も検討する。

3. 三陸リアス沿岸部と仙台平野の神社の被災状況

　1/2.5万地形図で神社を追いかけると、岩手県、宮城県の沿岸部には254の神社が示されている。岩手県沿岸にある神社は99社、その79.9％が被害を免れている。これに対し、宮城県は155社のうち無被害は43.9％に止まっている。この差の最大の要因は、神社立地の標高差にある。神社の立地する地点の標高の平均は岩手県で26.3mに対し、宮城県は12.0mである。流失した神社は岩手県では4社に対して、宮城県では29社に上っている。東日本大震災の

津波の遡上波は著しく高く、最高の遡上波高は大船渡の綾里湾で40.032mに達している。集落高位部にある神社も被災した例がある。一方、平野部の平低地の集落内にある神社は、津波の直撃を受け、流失したものも少なくない。仙台平野にはこの例が多い。

　漁村の神社は、集落上部に海に対座して置かれることが多い。また、津波経験も多く、神社立地に津波を想定したと思われるものも少なくない。ところが、平野の農村部での神社立地は集落の中心地、あるいは集落と外界の縁に置かれることが多い。平野部では、高台そのものが集落周辺に見られず、津波からの安全を高台に求めるなら平野と丘陵地が接する内陸数キロまで進まねばならない。例えば、仙台平野の浪分神社の前身である稲荷神社は江戸期に津波で流失したため、現在の位置に移設したのだが、その際浪分神社に名称を変えるという歴史を有している。

　岩手・宮城県沿岸部の神社を海面との比高、集落との関わり、設置された位置で八つの類型にまとめることができる。A：漁業集落上部立地、B：岩礁上立地、C：集落から離れた神格化した地区立地、D：港湾埠頭立地、E：集落の最も低い位置を占めるという例外的立地、F：岬上立地、G：平地集落中心地、H：堤防・集落の防御立地、である。表3-1は岩手県、宮城県の神社を対象に8類型した数と被災状況、平均標高を示している。岩手県から石巻北部までの海蝕崖やリアス式海岸地域にある神社はA～Fが多数を占めるが、仙台平野の農村地域に入るとG、Hに区分される神社が多くなる。

　漁業者にとって神社は、海上からの「見立て」のポイントになる。また、安全祈願や安全確保の目印の役割をもっている。集落の上部の尾根上の地に立地し、海から見てその位置が確認しやすい場に建立されている神社が多い。また、岬の位置や岩礁の危険を知らせる役割をもつものも少なくない。Aに区分される神社は岩手県で59社、宮城県で54社を数える。標高の平均は岩手県では25.8m、宮城県は19mである。震災時、多くの地域の住民がこれらの神社に避難している。岩手県大槌町の小槌神社（標高9m）は津波を免れるとともに、その後発生した火災も鎮守の森で火の進入を防いでいる。宮城県南三陸町戸倉の五十鈴神社（標高25m）は津波襲来時に周辺が水没する中で社殿のある部分のみが島状になり、水没を免れている。幼稚園児18名、小学生91名、地域住民190名への〝最後〟の避難場所の役割を担っている。例外的だが、

宮城県名取市閖上の日和山は標高 6.3m 余りの築山である。日和山上に置かれた富主姫神社からは漁港を一望できる。津波は日和山上 2m を越えて流れ、神社を流失させ内陸部に向かっている。A 区分で流失した神社数は岩手県で 1 社、宮城県で 5 社である。

少数だが、集落から離れた小山、半島あるいは島を神域として中心地に奥の院を、時には沿岸に分社を建立している例がある。岩手県大船渡の尾崎神社が C 区分の典型例であるが、この神社がある尾崎半島が津波の威力を弱めるため、半島内側の蛸の浦では津波波がゆっくりと上昇する特性を有していた。ここは船を安全に係留させる湾としての機能も果たした。実際に千石船を復元した気仙丸もここに係留されており、流失破壊を免れている。E の事例は 1 社である。岩手県大船渡の吉浜集落は、1933 年の津波のあと高所に移転したが、新山神社の移設ができなかったため、元あった位置、すなわち現在の集落の最下部に位置することになった。2011 年の津波では被害は境内の浸水に被害は止まっている。

表 3-1　津波被災神社

立地型	岩手県						宮城県					
	神社数	無被害	浸水	流出	1933以前	標高(m)	神社数	無被害	浸水	流出	1933以前	標高(m)
A	59	49	9	1	33	25.8	54	38	11	5	31	19.0
B	2	0	2	0	0	23.4	6	2	4	0	4	8.1
C	1	1	0	0	1	13.9	14	12	1	1	8	25.1
D	6	1	3	2	1	22.8	8	1	5	2	5	8.6
E	1	0	1	0	1	16.6	0					
F	10	10	0	0	8	38.5	3	2	1	0	2	1.2
G	13	12	1	0	5	28.3	44	8	26	10	28	4.4
H	7	6	0	1	2	23.4	26	5	10	11	12	6.5
計	99	79	16	4	52	26.3	155	68	58	29	90	12.2

地形図および現地調査より著者集計

A：集落上部立地型　　E：集落高所移転神社旧来の位置に存続型
B：岩礁立地型　　　　F：岬上、見立て型
C：地区神格型　　　　G：集落中心部微高地上立地型
D：港内埠頭立地型　　H：防御、象徴型（堤防、集落縁に立地）
1933 年以前とは、1933 年以前に発行された 1/5 万地形図に記載の状況から判断した

一方、農村部では海と直接関わって神社が建立されているという側面は少なかったと推定される。宮城県のG、H神社70社のうち、今回の津波で被害を受けなかった神社数は13社に止まっている。Gに区分される農村の神社は、集落の中心の微高地に置かれることが多い。一方、Hに区分される神社は、集落の縁、すなわち「外界」との境や、堤防や水利など農業の重要施設を護る目的で設けられている。G、Hに区分される神社の標高が、岩手県と宮城県では大きな差が見られる。これは岩手県の沿岸部の集落が特に北部では海岸段丘の段丘面に位置することが多く、段丘面をきる河川の谷底の低地には農業集落が生まれる余地が少ないことを理由にあげることができる。

4. 避難所としての神社の有効性と課題

　岩手県三陸沿岸部では、指定されていた多くの避難所が被災し[2]多数の犠牲者が生まれた。三陸沿岸部において、神社が避難所として果たした役割は少なくない。岩手県におけるA類型の神社の無被害率は83.1％である。また、沿岸の神社に広げても無被害率は79.8％である。神社が地域住民と密接なかかわりを有している中で、岩手県では地形上の特色を活かす点を考慮すると、この数値の有効性を無視することはできない。図3-2が示すように、いかに短時間で津波より高い位置に達することができるか、岩手の地形的特色をふまえて検討することが大切だ。

　地域の避難所を日常生活に活かすことも重要だ。そこには3.11で命がどのようにして守られたかが分かりやすく明示される「碑」等が設けられ、「生きる」という大きな課題を現場で学ぶことができる環境がつくられることが問われている。東日本大震災において、住民が安全確保をできた事例をきちんと後世に残す作業は「今」しかできない。1933年の津波から生まれた重茂半島姉吉の碑[3]には「此処」という安全の具体性が示され、後のフィールドワークで追体験できる教材化の可能性が付与されている。

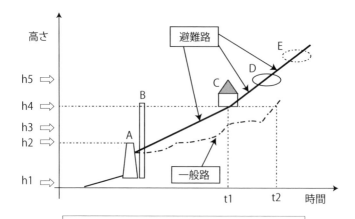

図3-2 津波高と避難時間（著者原図）

おわりに

　本章では岩手県の被災地を主な対象に、犠牲者の年齢構成、神社の立地から、脆弱性がどこに現れるかを考察した。東日本大震災犠牲者の過半が65歳以上の高齢者で占められている事実は、日本が抱える高齢者問題の表れである。被災地は被災後生産労働人口減少が顕著になり、日本の将来を先取りする高齢社会が生まれている。一方、10歳から14歳までの年齢階層の犠牲が極めて少なかったことは、災害学習の展開が有効と評価される。復興には地域に根ざす災害学習の次世代への伝達が不可欠であり脆弱性克服の道を開くことになる。しかし、子どもの数の顕著な減少は学校存続の危機を生んでいる。

　岩手県沿岸部は山が海に迫る地形的特色を有している。漁村の神社と農村の神社の立地条件が津波被災の差異を生んだ。これを津波避難に活かすがが問われている。急崖にスロープの歩道を設け、車椅子でも高度を上げることができる避難歩道設置は低コストのハード施設である。維持管理を地域住民が行うこ

とで、日常的に培わねばならない地域の災害学習／防災力をたかめる手法につながるものである。

　減災に向けた動きを、災害学習や地域の自然特性をいかに活用するかで示した。避難地の立地標高、避難への取り組みなどを挙げたが、これら一連の活動を災害文化という概念でくくることができる。災害文化で災害を捉えなおすことが必要だ。それぞれの地域のもつ自然とそれへの地域住民がもつ自然観、地域独特の減災策の誕生と展開、他地域への伝播を実現するには学習の力が極めて重要な役割をもっている。

《注》
(1) 　山下文男『津波の恐怖』（東北大学出版会、p.84、2005）では最も最も犠牲割合が高かったのは10歳以下31.6％（人口割合21.6％）で、次に21歳から30歳13.3％（人口割合16.1％）、さらに11歳から20歳12.7％（人口割合20.7％）が続くことを報告している。
(2) 　「岩手日報」2011年4月4日によれば、指定避難所のうち釜石11カ所、陸前高田8カ所、大船渡6カ所、山田1カ所、野田1カ所が津波の直撃を受け、多くの犠牲者を生んでいる。沿岸市町村の指定避難所総数344カ所の約1割が被災している。
(3) 　重茂半島の姉吉集落の入り口に設置されている津波記念碑。そこには「高き住居は　児孫の和楽　思えば　惨禍の大津波　此処より下に　家を建てるな　明治二十九年、昭和八年にも　津波は此処まで来て　部落は全滅し、生存者は　僅かに前に二人、後ろに四人のみ　幾年経るとも　要心あれ」と七五調で書かれ、耳からも内容が伝わる工夫がなされている。

第Ⅱ部

原発事故と福島県の水産業

第4章

福島県内の漁業の現状と再生に向けた取り組み

濱田武士

はじめに

東日本大震災は、地震による揺れや津波による天災だっただけでなく、東京電力福島第一原発（1F）の過酷事故が伴い、今なおその影響が続いているという点で、他に類を見ない災害となった。

1Fの事故は未だ収束しておらず、放射能汚染の影響も未だ続いている。事故直後から休漁せざるを得なかった沿岸漁業においては、福島県漁業協同組合連合会（以下、県漁連）の統制の下で計画的に実施されている「試験操業」が行われているが、7年間を経た現時点でも、震災前の状況にほど遠い状況である。

本章では、試験操業をめぐる福島県の漁業の現状について素描する。なお、本章の執筆時期は2018年1月であり、極力最新データを取り入れたが、更新できていない部分もある。ご了承頂きたい。

1. 福島県の漁業

福島県の沿岸域は、海岸線が単調で、遠浅の海が広がっている。沖合では、冷水系の親潮と暖水系の黒潮がぶつかりあうことから、プランクトンが沸き、好漁場が形成される。

回遊魚やヒラメ・カレイ類などの高級魚の他、アワビやホッキなどの貝類なども豊富である。県北部の内湾性の海域である松川浦ではノリ養殖とアサリ漁が行われている。

東日本大震災の前年（2010年）の数値（農林水産省『漁業養殖生産統計年報』）を

みると、漁業生産量は78,939tであり、39都道府県中16位であった。養殖生産量は、1,459t。生産金額は187億円である。漁業経営体数は743（34位/都道府県）である。

福島県内の農業粗生産額が約2,330億円であることから、県内の産業規模としては小さいが、水産物流通加工業への波及効果が少なくないことから沿岸部の重要産業であることには間違いない。

震災前の調査（2008年漁業センサス）によると、漁業就業者は1,743人である。宮城県や岩手県が1万人以上であったので、多くはない。だが、自営漁業者の後継者確保率は34%と全国平均（約18%）を大きく上回り、茨城県に次ぐ全国2位であった。つまり、他県と比較して漁業生産量は中程度で、かつ、漁業就業者数も多くはないが、漁業者の淘汰が早く進み、底を打つような状況に近づいていた。

2. 試験操業の経過

2011年3月11日に発生した東日本大震災後、東京電力福島第一原子力発電所が水素爆発事故を起こし、その後、高濃度汚染水が海に漏洩するという事故が起こった。茨城県、福島県沖で獲られた魚類から基準値を超える放射性物質が検出されたことから、県漁連は3月15日の組合長会議において県下の沿岸漁業を全面自粛にした。この状態は今も続いている。

福島県では、このような漁業の全面自粛状態の中、2012年6月から試験操業が行われている。福島県が行っている魚介類のモニタリング調査において、放射性物質が検出されるサンプルが減ってきたためである。また、魚種によっては汚染度が低いものもはっきりとしてきたということもある。漁業復興の糸口のために始められた。

試験操業とは、安全性を考慮して、漁獲する対象魚種や海域を決定して、漁協と産地仲買人と一体となって計画的に漁獲を行い、漁獲物を流通させるものである。

この取り組みは、震災前高い生産力を維持してきた相馬原釜地区の沖合底曳網漁業者が県漁連や県庁に働きかけて始め、県全体の復興を牽引してきた。

試験操業を始める漁業種の計画策定にあたっては、次のように行われてき

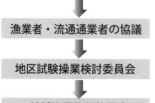

図 4-1　試験操業の計画から策定の流れ

出荷先ごとに検査結果報告書、県漁連の証明書を添付し、箱ごとに検査証を貼って出荷

検査結果報告書

検査証明書

検査証

資料：福島県漁連

図 4-2　検査の状況

た。福島県による魚介藻類の放射能汚染のモニタリング検査の結果を受けて、漁協内で漁業者らが協議して、安定して放射性物質が検出されていない魚種を選び、操業や流通体制を検討して計画を作成する。次にその計画を、地区試験操業検討委員会で合意形成を図った後、学識者や関係機関を構成員とした地域漁業復興協議会に諮り、承認が得られたら、県内全漁協の組合長で組織する組合長会議において決定するというものである（図 4-1 参照）。

　漁獲物においてはスクリーニング検査を行い、安全（放射性セシウム濃度）が

自主基準の50ベクレル／キログラム以下であることを確認し、魚箱に福島県産であることと、検査済みを示すステッカー（検査証明書）を貼り、流通させている（図4-2）。

試験操業対象魚種外が漁獲された場合は、持ち帰らず海に戻している。もし、漁港まで持ち帰ったとしても、漁協の職員が持ち帰らせないことになっている。

試験操業の操業海域は、当初相馬の沖合40kmに絞られていた（図4-3の

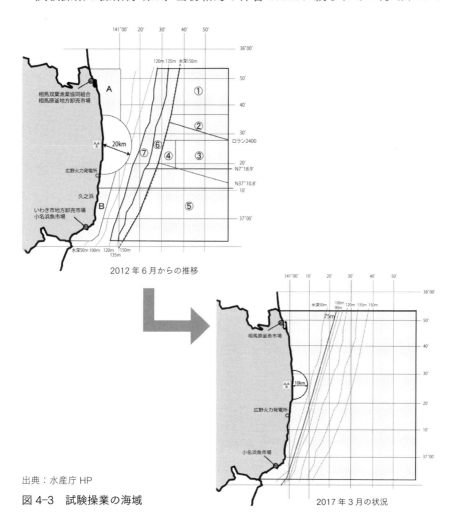

出典：水産庁HP

図4-3　試験操業の海域

①)。その後、魚種の拡大に併せて、漁協は操業海域を徐々に拡大させ（①→②→③→A→④→⑤→⑥→B→⑦→……）、2017年3月以後、東京電力福島第一原子力発電所を中心にした10km圏内以外すべてを操業海域としている。

また、試験操業が始まるのを見込み、2012年4月、政府は32種の魚介類について出荷制限等（その後、最大42種）を福島県知事に指示していたが、徐々に解除され、現在10種（2017年12月13日）まで減っている。

試験操業の漁獲対象魚種においては、当初、放射能物質（放射性セシウム）が蓄積しにくい軟体動物（タコ・貝類）の3種のみだった。その後、モニタリング検査の結果と魚介藻類の放射能汚染の科学的知見を踏まえながら、対象魚種は増やされ、2017年2月には97種まで拡大した。この頃、すでにモニタリング検査において自主基準を超える検体はなくなり、図4-4のように、検出機器の検出限界値を下回る検体は2016年平均が約95%となったことから出荷制限魚種を除いて全ての魚種を試験操業の対象魚種とした。

試験操業における漁獲量は、図4-5に示すように着実に漁獲量を伸ばしてきたが、2016年が2,100tと震災前（25,914t）の約8%、2017年は3,286tとさ

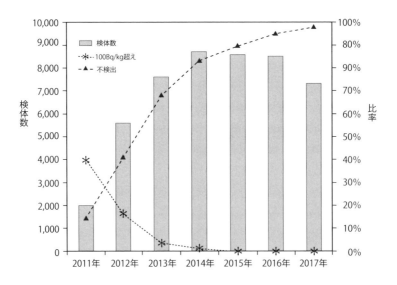

（資料提供：福島県庁）

図4-4　年別放射線モニタリング検査結果（海産魚介類）

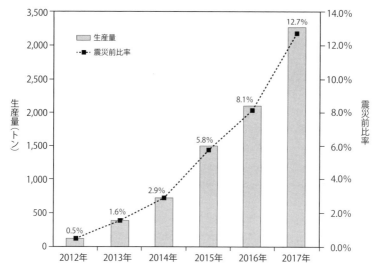

（資料提供：福島県漁連）

図 4-5　試験操業における生産量

らに増加したが、まだ震災前の 12.7% に過ぎない。

3. 試験操業への漁業者の参加

　県漁連は、震災後から東京電力に対して賠償交渉を行い、賠償金の請求と受け取りの実務を行っている。そのことで、県内 899 人の漁業者は東京電力から賠償金を受け取っている。試験操業の参加者は、2016 年 9 月時点 462 人となっている。

　賠償額は、震災前のそれぞれの過去 5 年間の最高値と最低値を省く 3 年の水揚金額平均値の 82%（基準額）である。水揚げ伝票から一人ひとりの漁業者の基準額が計算されている。試験操業の部分は、操業で得た水揚げ金額を基準額から差し引いて支払われる営業賠償になっているが、試験操業に参加しない漁業者においては基準額がそのまま支払われる休業賠償状態になる。営業賠償では、操業の支出が伴うゆえに、休業賠償と比較すると手取りが少なくなる。そのこともあり、試験操業に参加しようというインセンティブが働きにくい構造がある。加えて、次のような意欲を削ぐ問題も重なった。

第一に、魚の販売面についてである。漁業者は、もともと漁港にある卸売市場に獲った魚を上場し、その場で魚は、セリや入札によって価格が決められて、取引されていた。価格が高ければ、漁業者は出漁意欲が高まる。漁業者は、自分が獲った魚に価値がつくことにやりがいを感じる。しかし、試験操業では、仲買人組合と漁協（相馬双葉漁協、いわき市漁協、小名浜機船漁協）との間で相対取引をしてきた。価格は交渉価格になっており、流通サイドに配慮した。つまり、消費地において福島産が買い控えられて価格形成が弱まっているという想定の中で相対取引がなされてきた。2017年3月からは、徐々にセリや入札が再開されているが、セリ・入札参加者が震災前と比較するとかなり少なくなっているため、競争環境が弱く、価格形成力が弱い。そのうえ、消費地においては「風評」が根強く、販路がまだ閉ざされていて、漁獲量を調整せざるを得ない状況が続いている。

　第二に、試験対象魚種にかかる問題である。試験操業の対象としたい魚種が出荷制限魚種である場合、出荷制限解除を長い間待たなければならなかったり、解除されてから対象魚種にしたものの、ユメカサゴとアカガレイにおいて出荷前のスクリーニング検査でセシウムが自主基準値を超えたりするなど、試験操業の拡大意欲を止める事態が発生したのであった。

　第三に、汚染水の漏洩問題である。まず、原発構内から海への汚染水漏洩である。原発事故後、高濃度汚染水の海への漏洩を止め、その後汚染水は海に流れていないとされていたが、2013年7月になって地下水脈を介して原発から高濃度汚染水が漏れ続けていたことが明らかになった。さらに、その後、原発構内の汚染水貯水タンクや作業現場から海に汚染水が流れ出るという事故が何度も発生し、それが大々的に報道されてきた。このことによって、福島県産の水産物に対する風評が懸念され、試験操業は一時的に休止状態となり、2013年9月から予定していたいわき地区の試験操業の開始も延期となった。汚染水が海に流れた、あるいは流れているということになれば、「影響なし」という報道がしっかりなされたとしても、消費者マインドにマイナスの影響を与えよう。同時にそれは漁業者にも直撃する。

　以上のように、賠償金の存在が、試験操業への漁業者の参加意欲を削ぐ要因となっていることはたしかであるが、現場の経過を追ってみれば、それだけで片付けられるものではないことが多いということがわかる。もっとも、次に記

す汚染水処理問題については、その状況をさらに助長している。

4. 汚染水処理問題

　廃炉作業は、使用済み燃料棒と燃料デブリの取り出しが終わらなければ進まない。しかし、見通しがついていない。なぜなら、炉心から溶け出した燃料デブリがどのような状態になっているのか、未だはっきりとしていないため、取り出す方法すら決まっていないからである。そのうえ、原発建屋内には地下水が流入し、日々汚染水（当初は400t、現在100t程度）が発生している。まずは、この汚染水の発生量を減らさなければならないとされてきたが、この点も進展が遅かった。

　そこで、東京電力は原発建屋に入る前の地下水を海に放水する、「地下水バイパス稼働計画」と「サブドレイン稼働計画」などを2011年末に打ち出した。両計画とも、放水する地下水は原発の燃料棒や燃料デブリにふれていないゆえに、放射性物質が含まれていたとしても、多核種除去装置を使えばトリチウム以外の核種を除去でき浄化できる。トリチウムの濃度もかなり低い。それゆえ、放水しても海洋汚染にはならない。

　しかし、当初漁業者はこの計画に反対した。放射能の知識をもともともっているわけではない漁業者が、放水しても海洋汚染にならないことを理解できなかったためである。もちろん、わかっていても抵抗感があったであろう。それゆえ、東京電力は、各浜に出向いて、放水の安全性に関連した説明を行った。そのことで多くの漁業者は理屈では理解したというが、それでも海に放水するというのは感情的に納得できなかったという。

　ただ、廃炉作業が進まなければ福島の漁業は取り戻せない。福島県漁連の幹部も各浜と話し合う機会をつくった。長い時間をかけて話し合ったことで、廃炉に協力するという方針から合意形成が図られ、「地下水バイパス稼働計画」は2014年5月から、「サブドレイン稼働計画」は2015年9月から実行されるに至った。

　福島県の漁業界は、各浜への放水承認をめぐる合意形成に多大なエネルギーを費した。感情的な口論もあった。さらに「放水が福島の漁業者の判断によって決められた」という形になってしまったことに福島県の漁業界では心理的ダ

メージを負ってしまった。

　汚染水処理問題はこれだけで終わらない。現在、原発建屋で発生した高濃度汚染水からトリチウム以外の放射能物質を取り除いた処理水（以下、トリチウム水）が原発構内の貯水タンクに溜められている。処理前のものと併せて80万t以上になっている。

　このトリチウム水を処理する方法が、2013年12月25日、経済産業省エネルギー庁内に設置したトリチウムタスクフォース（放射能に関する専門家を集めた委員会）において検討された。2016年6月に報告書がまとめられており、複数の処理案に対してかかるコストや安全性が記載されている。そのなかには、排水基準値内に薄めて海に放水するという処理方法が安全で最もコストがかからないとされている。

　トリチウム水の放水案は、2013年1月24日に原子力規制委員会において東京電力の提案によって初めて出されたものである。その後、全国漁業協同組合連合会から厳重抗議があったことから、東京電力は原子力規制委員会で提案こそしなかったが、その後設置されたトリウムタスクフォースが放水案の説得材料を整理したというかたちになっている。この経緯からして、一連の動向は、漁業者から合意を取り付けなければならない東京電力（福島復興本社）を後押ししているといえる。しかも、2016年10月には経済産業省エネルギー庁内に、トリチウム水の処理をめぐって社会的影響を検討する委員会（多核種除去設備等処理水の取扱いに関する小委員会）が設置された。この検討会は、是々非々で社会的影響を議論するものではあるが、これも経過からすれば、福島の漁業者に放水案を決断させようという考えが、根底にあるかと思われる。

　筆者は、2017年4月21日に開催された第4回委員会において、「多核種除去設備（ALPS）処理水の取扱と漁業への影響について」（http://www.meti.go.jp/earthquake/nuclear/osensuitaisaku/committtee/takakusyu/004_haifu.html）と題して、福島産水産物の買い控えは今も、消費段階だけではなく、流通段階にもかなりあり、この状況下でトリチウム水が放水されれば、「風評が固定化される」と説明した。

おわりに

　試験操業は、「石橋を叩いて渡る」ように、行われてきた。それは、福島から流通させる魚の安全性を訴えるためであり、「風評」に対抗するためである。この実践が功を奏して、試験操業はこれまで拡大してきた。

　しかし、トリチウム水を浄化し、安全な状態にするとはいえ、高濃度汚染水であった水を放水するとなると、それへの強い批判と、「風評」が広がる可能性が否めず、試験操業が振り出しに戻る可能性がある。福島の漁業関係者はそのことを恐れている。

　一方で、2017年9月に原子力規制委員会の委員長を田中俊一氏から引き継いだ更田豊志氏も、田中俊一氏と同様、「海洋放出が現実的に唯一の選択肢だと思っている。……東電は漁業者らと膝を突き合わせて、風評被害対策など具体的な提案をして理解を得るしかない。処分方法を議論している国の結論を待っていては進まない」(「福島民報」2018年1月6日)としている。福島の漁業者に放水への理解を求める「包囲網」は強化されつつある。

　今後の動向も注視していきたい。

【参考文献】
濱田武士・小山良太・早尻正宏『福島に農林漁業をとり戻す』みすず書房、2015

第5章

水産業の現状から社会科は何を学ぶか

白尾裕志

はじめに

　2011年3月の東日本大震災とそれに伴う原発事故以降、政府、東日本の各自治体及び関連する機関、民間等々で復興に向けたさまざまな取組が行われてきた。日本社会科教育学会が「震災対応特別委員会」を立ち上げ、シンポジウムや現地調査等の取組を行ってきたのもその一環であり、私はその過程で福島県の水産業と関わりをもつようになった。

　日本教育大学協会社会科部門関東区会・日本社会科教育学会震災対応特別委員会の共催によって、2015年3月7日に桜美林大学でシンポジウム「原発事故による被害と福島の水産業の今──水産業の現状から社会科は何を学ぶのか」が行われた。シンポジウムでは、初澤敏生先生（福島大学）が原発事故の現実と現状を報告され、濱田武士先生（当時、東京海洋大学。現、北海学園大学）が福島県の水産業の現状と再生に向けた取組の報告をされ、それを受けて、私が社会科教育からの問題提起・提案をするというものであった。

　「社会科教育からの問題提起・提案」は、福島県の現状と再生に向けた取組の事実に基づいて、教育の場で何をどう示すかが求められることであり、私は現地調査に基づいて「授業づくり」としての提起を行った。

　本稿では2回の現地調査（2015年2月15～17日・2017年2月22～24日）に基づいて、社会科教育の授業づくりの視点をいくつか示したい。

1. 安全な魚介類のための検査体制

　震災前、福島県産水産物は「常磐もの」と言われ、市場の評価が高かった。それが原発事故によって市場の信頼を一挙に失った。震災直後、福島県の水産関係者が決めた重要な一歩は、福島県漁業協同組合連合会（以下、「福島県漁連」）による「安全が確かめられない魚を市場に流通させないこと」（2011年3月15日）と「魚介類の安全性を確かめるモニタリング調査」であった（2011年3月31日）。

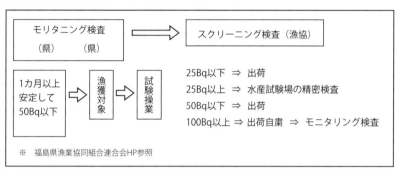

図5-1　モニタリング及びスクリーニング検査の概要

1-1　福島県漁連による独自基準50Bq/kg（ベクレル）

　食品中の放射性物質は「食品衛生法」に基づいて設定されていて、その基準が2012年4月から以前より厳しく設定された（厚生労働省医薬食品局食品安全部）。それによると魚介類は「一般食品」に分類され、放射性セシウムの基準値は100Bq/kgとなっているが、試験操業を統括する福島県漁連は独自の基準値を50Bq/kgとしてスクリーニング検査を続けている。

〔社会科の問い〕
① 国の基準が 100Bq/kg なのに福島県が 50Bq/kg にしたのはなぜか？
② 国の基準 100Bq/kg は安全ではないのか？
　（説明）食品に含まれる放射性セシウムの各国等の基準値
　　　　　アメリカ：1,200Bq/kg ／ EU：1,250Bq/kg ／日本：100Bq/kg
　　　　　コーデックス委員会（食品の世界基準を定める機関）：1,000Bq/kg
※厚生労働省 HP 参照

1-2　国の基準 100Bq/kg 超えゼロの意味（2015 年 4 月以降）

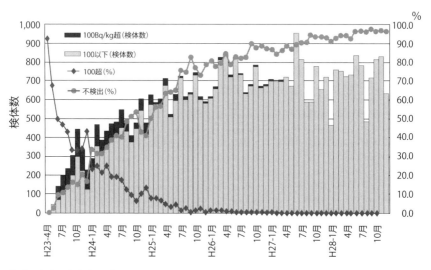

（提供：福島県水産試験場）

図 5-2　月別放射線モニタリング検査結果（海産魚介類）

　魚介類の放射性セシウム濃度は低下傾向にあり、2015 年 4 月以降、国の基準 100Bq/kg 超えはゼロ。2016 年 1 年間の合計で放射性セシウムそのものが 95％の割合で不検出という事実は、原発事故の影響が確実に小さくなっている（福島県水産試験場 HP 参照）ことを表している。

〔社会科の問い〕
① このグラフの意味を読み解こう。どんな事実を表しているのか？
② 発表に基づいて福島の魚介類の安全性について話し合おう。

2. 沿岸漁業の復興

　原発事故直後の 2011 年 3 月 15 日、福島県漁連は、沿岸漁業の操業自粛を決定し、2012 年 6 月に試験操業を始めるまでは魚介類を流通させなかった。その後の試験操業の開始後以降は、漁獲対象魚介類や漁獲量も拡大しているが、沿岸漁業（沖合底曳網を含む）の操業自粛は続いており（2017 年 11 月現在）、漁獲量は震災前の 8％にとどまっている。

表 5-1　福島県の沿岸漁業の漁獲高

	2010 年	2016 年	対 2010 年比
福島県	25,914t	2,072t	8.0％
いわき市	6,152t	300t	4.9％

（提供：福島県水産課）

2-1　試験操業はいつ始まったか

　2011 年 3 月の操業自粛以降、福島県の水産業関係者はどのようにして試験操業への道筋をつけてきのか。食に関わる水産物が放射能汚染の危険性にさらされた現実の前に、福島県漁連は 2011 年 3 月 31 日から魚介類の放射線モニタリング検査を開始して現在も続いている。放射性セシウム濃度が 100Bq/kg（魚介類に含まれる放射性セシウムの基準値）を超える割合は、39.8％（2011 年）、16.5％（2012 年）、3.7％（2014 年）と下がっていき、2015 年以降は 0％となっている。
　この間の経緯を福島県水産試験場の根本芳春氏は次のように示した[1]。
　相馬地区を中心に漁業再開の要望があったが、沿岸漁業の多くの魚種で高い放射能が検出されていたために、実施することが困難であった。しかし、魚介類に含まれる放射性セシウムの低下傾向を受けて、相馬地区を中心に漁業再開

の動きが出た。2012年3月に相馬双葉試験操業検討委員会が設立され、試験操業計画の協議が開始された。4月には福島県地域漁業復興協議会が設立され、専門家を交えた協議が始まった。試験操業計画は水産事務所が核となり、県漁連や漁協と調整しながら方策が作られ、福島県水産試験場が対象種選定のためのデータ提供や自主検査体制（機器の提供やルール作り）の構築を支援した。6月にはこれらの計画が先述の委員会、会議、最終的には組合長会議で了解を得て、2012年6月23日に試験操業が漁獲対象種を3種に絞って実施に至った。

2-2　2017年11月現在の試験操業

福島県沖で獲れる海産魚介類184種の安全が確認され（2017年11月現在）、震災前の通常操業では、約200種の魚介類が漁獲対象になっていたことからすると、90％以上の魚介類で安全が確認されたことになる。2017年4月1日からは、出荷制限魚種を除く全ての魚種を試験操業の対象としている。

2-3　試験操業の魚介類はいくらで売れるか

表5-2　築地市場における震災前後の福島県産鮮魚の取扱実績

	2010年	2016年	対2010年比
数量	1,949,6411kg	279,851kg	14.3％
金額	1,481,761,705円	339,769,154円	22.9％
平均価格	760円	1,214円	159.7％

（東京都中央卸売市場「市場統計情報（月報・年報）」の「水産」から筆者作成）

上の表は築地市場における震災前後の福島県産鮮魚の取扱実績をまとめたものである。試験操業以外のものも含まれる中で、震災前に比べて数量で約14％、金額で約23％の回復が見られ、平均価格は震災前を上回っている。

ここにはいわゆる風評被害の影響は見られない。課題は取り扱われる数量である。前述のように「沿岸漁業の漁獲高が震災前の8％」という前提での実績であり、今後、通常操業への転換が進み、漁獲量が増え、市場への供給量が増加した場合に、福島県水産物の価格がこうした状況を維持できるかである。「一定の漁獲量」による市場の価格評価が、福島の水産業復興の前提であり、

試験操業での漁獲量を増やしながら市場調査を進める必要がある。
　また市場では、原発事故以降、福島県産水産物の不足分を他地域へ求めた結果、仲買業者と市場との関係の再構築も課題となっている。

> 〔社会科の問い〕
> ①「築地市場における震災前後の福島県産鮮魚の取扱実績」からわかることは何か？
> ② 平均価格の回復が見られるのに、福島の水産業に関わる人々は「これからの課題がある」と考えている。その課題とは何か？

3. 賠償問題と通常操業──通常操業への道筋はどうなっているか？

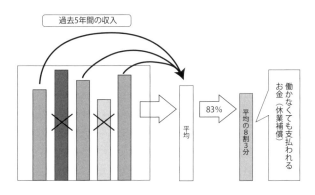

図5-3　漁業者（第1次産業）の原発事故による操業自粛に伴う補償及び賠償のイメージ

　原発事故による操業自粛に伴う補償及び賠償は次のようになっている[(2)]。

3-1　漁業者（第1次産業）

　原子力損害賠償法に基づく漁業者に対する賠償には休業補償と営業賠償がある。休業補償は、過去5年間の水揚げ額から最高と最低の年を除いた3カ年の平均の83%を補償している。

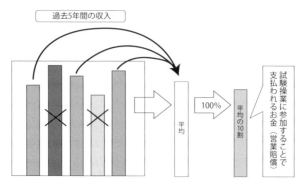

図5-4　漁業者が試験操業に参加する場合の賠償のイメージ

　一方、試験操業に参加する漁業者には営業賠償が行われ、経費は漁業者の自己負担になるが同様の計算で水揚げ額の100％の水揚げから試験操業の水揚げを差し引いた額が支払われる。

3-2　仲買業者（第2次産業）

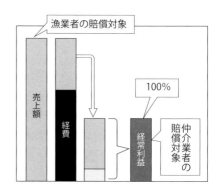

図5-5　仲買業者（第2次産業）の原発事故に伴う補償及び賠償のイメージ

　仲買業者は、過去5年間の経常利益から最高と最低の年を除いた3カ年の平均の100％が営業賠償である。売上額から経費を引いた営業利益に営業外収益を加え、借入金の利息返済等を差し引いたものが経常利益であるが、震災前の5年間はデフレの只中で、仲買業者は厳しい経営状況であった。売上額でなく、経常利益が営業賠償となる点は、売上額が営業賠償となる船主漁業者と異なる。

〔通常操業への課題〕

　補償制度の対象となっている漁業者及び仲買業者等が通常操業へ移行する手続きと補償制度の切り替えが重要な課題である。

漁業者は休業補償、または試験操業に参加すると営業賠償と試験操業での収入がある。仲買業者は営業賠償と試験操業での収入がある。通常操業はそうした補償制度がなくなることであり、産地市場での漁業者と仲買業者による入札制度を復活させ、競争に基づく営業となる。また産地の仲買業者は、操業自粛により消費地市場の仲買業者が福島県産水産物の不足分を他地域へ求めた結果、消費地市場の仲買業者との関係の再構築も課題となっている。

　福島では、コウナゴなど魚介類の種類を限定して競争入札制度を徐々に復活させることで、通常操業へ向かう道筋の模索が始まっている。

> 〔社会科の問い〕
> ① 自分が漁師なら休業補償と営業賠償のどちらがよいか？
> ② あなたが漁業者なら週に試験操業に何回出るか？
> ③ 仲買業者にとっては試験操業の回数はどうなるのがよいか？
> ④ 申請前の通常操業に戻すには賠償をどうしたらよいか？
> 　（復興と意欲）

4. 試験操業の操業海域の変更——原発に近づけるのはなぜか

　2017年2月22日、福島県地域漁業復興協議会で試験操業の禁漁区域を原発周辺20km以内から10km以内に狭めることが承認された。魚介類のモニタリング検査の結果、第一原発から20km内も外も放射性セシウムの基準値である100Bq/kgは0に近づき、魚介類の汚染が改善されてきており、2015年4月以降基準値超なしであることが要因である。議論では、科学的根拠に基づく拡大賛成の意見と、原発に近づくことによる風評被害等の意見が出たと考えられる。議論を経た禁漁区域を狭める決定は、操業しない海域があること自体の負のイメージの払しょくが期待されたと考えられる。この結果、底曳網漁は引き続き20km圏外で試験操業を行うが、相双地区（相馬地区・双葉地区）は、コウナゴを原発から10〜20km圏内でも操業を行うことになり、福島第一原発の半径10km圏内を除く福島県沖の全域で試験操業が行われるようになった（資料提供：福島県水産試験場）。

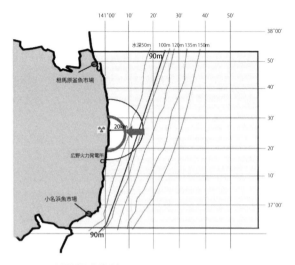

図 5-6　試験操業海域（提供：福島県水産試験場）

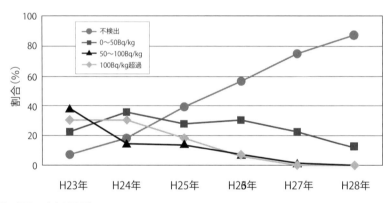

（提供：福島県水産試験場）

グラフ5-1　福島第一原発から20km内の魚介類の放射能汚染

〔社会科の問い〕
① 試験操業の操業海域を原発に近づけたのはなぜか？
　（操業海域を原発から20kmより遠い海域から、原発から10kmより遠い海域に変更した）

5. 地域からの新しい動き——安全と安心をつなぐのは誰か？

　福島の水産業の復活を願っていたのは関連する諸機関はもとより、そこに関わる多くの人々であり、そうした中で民間にも行動を起こす人々が現れた。

　小松理虔氏は福島の水産業に関して、民間の個人レベルで情報の出し手がない状況であることに気付き、「自分たちで調べる」という結論に達した。小松は『うみラボ』という企画を2013年の秋から有志と共に始めた。富岡町の漁師の協力を得て、原発周辺の海へ船を出してもらい、砂を採取し、魚を釣り、「アクアマリンふくしま」の計測器で放射線量を計測して公開している。調査だけでなく市販されている福島の魚介類を食べる機会も開催して、全てを発信している（www.umilabo.jp）。小松は、情報発信の在り方を課題としていた。情報の科学的な正しさと一般の人々の認識を近づける必要があり、トップダウンだけではなくボトムアップの必要性を説く。情報は科学的根拠に基づくものであるものであっても、その出し方は、市民目線で一緒になって考えられることが重要で、市民が情報を自分事として引き取ることができることで、納得と安心につながる可能性が広がるとする。情報の発信と受け手の信頼がないと、鵜呑みにするが、自分たちの問題につながらなかったり、拒否したりすることもあり、理解は得にくい。科学的根拠に基づく「安全」を市民が自分の納得に基づく「安心」に変えていく必要があり、そのために海のことを学んで楽しむ企画としての『うみラボ』を立ち上げた。

> 〔社会科の問い〕
> ① 小松さんは「うみラボ」の取り組みで何を示そうとしているのか？

おわりに

　2015年2月の1回目の福島での調査で、小名浜漁港のある仲買人が原発事故後に店の前に掲げた言葉「心まで汚染されてたまるか」という看板[3]を見た（残念ながら2017年2月の調査では撤去されていた）。この仲買人は次のように語った。

「地震、津波、原発事故の後、人がいない海を見て、『船も水産業も誰もがだめだ』と思った。『原発事故がなければ……』と思った。自分が落ち込んでいて、奮い立たせようと思った」

　原発事故による海の汚染という絶望的な状況から福島の水産業に関わる人々は今日まで粘り強く前進を進めてきている。数多くの努力と共に積み上げられてきた事実を掘り起こし、向き合って、それらを教育内容化して実践することが社会科の使命であると考える。

《注》
(1)　2017年2月22日の福島県水産試験場での聞き取り及び、2017年10月30日のメールでの確認。
(2)　白尾裕志「福島の水産業の復興と社会科授業——福島の水産業をテーマにした社会科授業の構想」日本社会科教育学会『社会科教育研究』N0.131、p.53、pp.58-59、2017
(3)　この看板の存在は福島県漁業協同組合連合会の『福島県における試験操業の取組』(http://www.fsgyoren.jf-net.ne.jp/siso/buhin/topimage001.gif)において、八木信行（東京大学大学院農学生命科学研究科准教授）が、2012年6月19日の論稿「消費者の安全を守りながら福島県の漁業を再開することはできるか」で示している。

第Ⅲ部
原発事故で求められた
メディアリテラシーと
リスクコミュニケーション

第6章

インターネットメディア情報の視点から見た原発事故

伊藤　守

はじめに

　リスクコミュニケーション、メディアリテラシー、そして社会科教育という三つを結び付けて考えるという課題を与えられた。この課題は非常に難しいテーマであるが、それに応えるべく本章では、原発事故に関する情報の受容についての基本的なデータを示したうえで、特にインターネットメディアを中心に考察を加える。

1. ソーシャルメディア時代の、はじめての震災経験

　3.11以降、原発事故に関してどういう報道が行われたのか、メディア環境がどうつくられたか、調査を行ってきた。福島にも調査に入り、地元の人たちの話を聞き、現在でも聞き取りを行っている。例えばローカルメディアがどのような立場で報道していくのかについても調査している。自分の土地を離れざるを得なかった農家の方々、それから放射能汚染や低線量被曝に大きな不安を感じている人たちや、経済の再建やいち早い復興を望む人たちなど、いろいろな立場や考え方がある中でいかに報道するのか、東京のキー局では考えられないいくらい難しい状況にある。筆者自身その難しさを強く感じている。それを念頭におきながら、以下では、2011年の時点における原発事故にかかわる情報環境の特徴について指摘する。

　インターネットが私たちの社会の中で進展し普及した中での、はじめての大きな災害であり、いくつかの調査から得られた知見を示しておく。

まず、表 6-1 を参照されたい。震災時直後、「原発事故に関して各情報源からの情報を信頼した人の割合」は、「テレビ」が今日でも圧倒的に重要な情報源として活用され、「信頼」されていたことを示している。しかし、それと並んで「ニュースサイト」も「テレビ」と拮抗する 64.7% である。今回の災害そして原発事故で、インターネット上の情報に対する信頼が高まった、と指摘されているが、ほぼそれを裏付けるデータといえる。ただ、震災地においては停電等の被害があり、3 月 11 日から 10 日間はラジオが主要な情報源として活用されたことが、他の調査から明らかになっていることも留意したい。

表 6-1　原発事故に関して各情報源からの情報を信用した人の割合（それぞれの利用者中）

テレビ	68.4%
ニュースサイト（Yahooo! ニュースなど）	64.7%
新聞	66.1%
政府・自治体の Twitter	39.1%
マスメディアの Twitter	36.8%
専門家の Twitter	42.7%
mixi	43.8%
Facebook	37.5%

出典：堀川（2012）より

　インターネットに関して言えば、今回の震災で、幾つかの個別の事例で、重要な情報提供媒体として活用されたといえる。たとえば、安否情報、救助の要請、こういった点でインターネット、SNS が活用された。さらに、ライフライン、水、食料等の配布に関しては、「今、ここでこうなっています」という地域に密着した細かな情報が Twitter（ツイッター）等で流れ、生活サービス情報でもインターネットが活用された。

　ただし、個々の事例でみれば、さまざまな形でインターネットの利用が行われたとはいえ、調査のデータから見ると、実際の Twitter や mixi（ミクシィ）の利用は 10〜20％ という状況にとどまっている。Facebook（フェイスブック）は、各種の調査を見ると Twitter、mixi よりもはるかに少なく、4〜5％程度

の利用状況である（執行、2011a, 2011b）。このように、安否情報や生活情報などパーソナルな情報に関して、SNSが活用されたという面はある。しかし、携帯電話のメールで安否情報を確認したというのが最も高い割合で51.2％であり、固定電話が25.7％、mixiが3％、Twitterは2.0％という数字が示すように、個々の事例からみると、SNSが利用されたことは間違いないとはいえ、全体として見るとこの程度の利用状況で推移したことを確認しておくべきであろう。

2. 原発事故報道について

あらためて表6-1を参照されたい。「原発事故に関して各情報源からの情報を信頼した人」の割合はどれぐらいだったか、ということである。これは東京大学の橋元良明氏のグループが実施したデータである。「テレビ」が68.4％、Yahoo!ニュースなどの「ニュースサイト」が64.7％となっている。注目すべきは、このデータの中で「専門家のTwitter」が42.7％ということでかなり高い割合を示している点である。それに対して「マスメディアのTwitter」は36.8％である。

表6-2 震災中、「地震速報」と「原発事故」に関する各情報源が「信頼できた」と答えた人の割合

	テレビ	新聞	ニュースサイト	ブログ	専門家のTwitter	その他のTwitter	mixi Facebook	政府のHP
地震速報	96.1	82.2	88.1	45.2	42.5	47.9	49.6	68.4
原発事故	72.0	75.8	73.4	47.4	54.8	45.2	44.4	51.6

出典：堀川（2012）より

表6-2も非常に大事なデータであると考えている。「震災中、『地震速報』と『原発事故』に関する各情報源が『信頼できた』と答えた人」を割合で示したものである。総務省の情報通信政策研究所と東京大学が共同で実施した調査の結果を示している。ここで注目されるのは、先ほどTwitterの利用が高めに出ていると指摘したが、このデータで見ると、「地震速報」に関して「信頼できる」と回答した人の割合はテレビが96.1％、新聞が82.2％、ニュースサイトが88.1と「高い」割合を示しているとはいえ、「原発事故」に関しては「地震速報」を比較するといずれも値が低いという点である。それに対して、ブログ、専門家のツイッターは、「地震速報」と比較して「原発事故」にかんする「信頼度」が高いという結果を示している。言い換えれば、地震や津波の情報に関してはテレビの情報を入手して、そのうえでどう対応すべきか自分が判断した。その一方で、テレビが伝える原発事故に関しては信頼度が低下し、それに代わって、ブログと専門家のTwitter情報を活用した人の間では「信頼できる」という割合が高いことを示唆している。筆者も2012年に出版した『ドキュメント　テレビは原発事故をどう伝えたのか』（平凡社新書）で、Twitter上

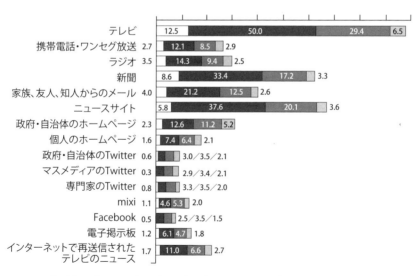

出典：橋元（2012）より

図6-1　原発や放射能に関する情報について信用したか

の専門家の意見が信頼度を高めた、と指摘したが、その点がデータ的にも裏付けられた、と言えるだろう。

　もう一つのデータ、図6-1を参照されたい。首都圏住民を対象にした調査で、その中の「原発や放射能に関する情報について信用したか」という質問に対する回答である。メディアごとに信頼度を調査した結果の割合が示されている。まず、テレビが圧倒的に利用され、トップである。このテレビと回答した人のなかで、「信頼した」が12.5%である。「やや信頼した」が50.0%。「あまり信用しなかった」が29.4%、「全く信用しなかった」が6.5%という割合である。2番目に利用されている「ニュースサイト」が、「信用した」が5.8%、「やや信用した」が37.6%、「あまり信用しなかった」が20.1%、「全く信用しなかった」が3.6%という割合となる。

　以上、上述した各種のデータを見る限り、次のように指摘できる。第1は、個々の具体的な事例で指摘されたソーシャルメディアの有効性に関して、2011年の震災時では、ソーシャルメディアの利用は現状ではかなり限定的であったということである。第2は、テレビが信頼度という点で、「地震・津波」の情報に関しては「高い」割合を示していること。これと比較すると、「原発事故」の情報についてはテレビの「信頼度」が低下したことである。第3は、ソーシャルメディアを活用した人たちにとっては、逆に「地震・津波」情報よりは「原発事故」の情報に関して「ブログ」や「専門家のTwitter」による情報への信頼度が高かった点である。情報のジャンルの相違によって、むしろ既存のマスメディアよりもソーシャルメディアのほうが高い評価を受ける場合が見られたという点で、メディア環境の変化をうかがい知ることができる重要な知見といえよう。

3. 原発事故をめぐる情報環境の特徴──情報の多様性の視点から

　次に4点目の論点について述べる。原発事故に関して多様な情報が発信され、これまでにない情報環境が形成された。そうした中で、情報の多様性が生まれたのかどうか。その問題関心から調査を行った早稲田大学の田中幹人氏等の研究から析出された知見を提示する。

　インターネットが登場することで、一般には、既存の新聞やテレビが伝えき

れていない多様な情報を伝えることが可能になった、実際に多様な情報が伝達されるようになった、情報環境の中の多様性が増した、と言われる場合が多い。けれども、実際はどうか。とりわけ、今回の原発事故に関して様々な機関や個人から発信された大量の情報は全体としてどのような情報環境を作り出したのか。その点を考察しておきたい。

　確かに、テレビが伝えない情報を伝えていくという面はあったことは間違いない。テレビに登場しない専門家がTwitterあるいはブログで、原発事故の危険性についていろいろな専門的コメントを発表するということが多く見受けられた。先に指摘したように、そうした情報への「信頼度」は比較的に高い割合を示している。しかし、総じてTwitter上でリツイートされたランキングで見ると、マスメディアからの情報が引用されているという場合が多いことも確かである。マスメディアとりわけテレビからの情報がソーシャルメディアでもかなりの比重を占めている。これが第1の特徴といえる。

　次に各メディアを比較しながら「情報の多様性」について検討しよう。図6-2、図6-3、図6-4を参照されたい。図6-2は、「全報道分析レベルにおける震災後3カ月間の情報の多様性」を示した図である。震災後3カ月間の情報の多様性を示している。このグラフで見ると一番多様であると考えられるのは「Yahoo!」である。それから「Togetter（トゥギャッター）」、これはTwitterの編

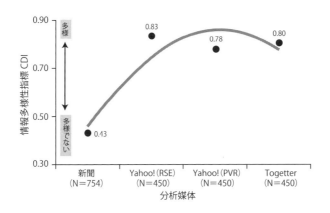

出典：田中ほか（2012）より

図6-2　全報道の分析レベルにおける震災後3カ月間の情報多様性

集された情報である。次に「Yahoo! (PVR)」となる。ネットメディアが高く、新聞が低くなっている。これだけを見ると、新聞のほうが多様性が少ない、と考えるだろう。けれども、実はそのように受けとることはできない。というのは、この3カ月の間に「Yahoo!」等々は、芸能とかスポーツといったジャンルのニュースが多くアップされているために、多様性が「高く」出ているからである。逆に言えば、新聞は、震災や原発事故に多くの紙面を割いたために、情報の多様性としては低く出たということである。

　図6-3を参照されたい。これは「震災報道の分析レベルにおける震災後3カ月間の情報の多様性」に関わる報道分析を行った場合である。これも同じように3カ月の情報の多様性ということで見ている。この図6-3も、「Yahoo!」それから「Yahoo! (PVR)」は、先ほどのデータと比較すると、少し「低い」数値になっている。けれども、それでも新聞よりも高めに出ていることが分かる。次に「新聞」が第3位となり、「Togetter」は第4位となる。このように見ると、このデータもインターネットの情報のほうが多様である、と示唆するデータと考えられるかもしれない。

　次に図6-4であるが、このデータは「震災報道の分析レベルにおける震災後3カ月間の各情報の割合」を、それぞれ項目ごとに%で表している。「被災地の情報」については、「新聞」は17%、「Yahoo!」が23%、「Yahoo! (PVR)」が17%である。「被災者支援」については、「新聞」は3%、「Yahoo!」が15%、「Yahoo! (PVR)」が13%、「Togetter」が7%で、「新聞」がかなり低い。「東日本大震災全般」に関しての記事や情報では、「新聞」は27%、「Yahoo!」が28%、「Yahoo! (PVR)」が23%、「Togetter」が8%である。どの媒体も大きな割合を示している「原発関係」で見ると、「新聞」は48%、「Yahoo!」が27%、「Yahoo! (PVR)」が38%、「Togetter」が57%という結果である。この結果から見ると「新聞」と「Togetter」が「原発関係」の情報の割合が圧倒的に多くなっていることがわかる。これが図6-3で説明したように、「新聞」と「Togetter」が「震災報道の分析レベルにおける震災後3カ月間の情報多様性」が「低い」数値で出ることの背景のある実相である。

　もう一つのデータを見てほしい。「原発報道の分析レベルにおける震災後3カ月間の情報多様性」を示した図6-5である。これで見ると、「新聞」が原発報道に関しては「多様性」が高い。その中身を示したのが図6-6である。原

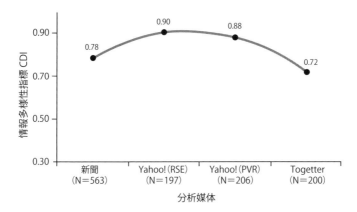

出典:田中ほか(2012)より

図 6-3　震災報道の分析レベルにおける震災後 3 カ月間の情報多様性

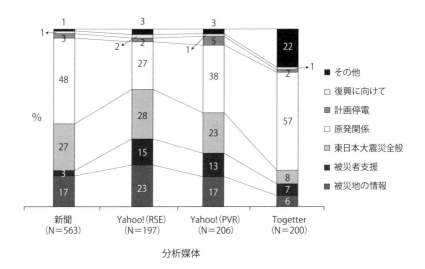

出典:田中ほか(2012)より

図 6-4　震災報道の分析レベルにおける震災後 3 カ月間の各情報の割合

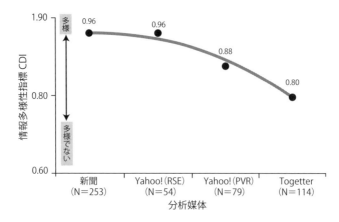

出典：田中ほか（2012）より

図 6-5　原発報道の分析レベルにおける震災後 3 カ月間の情報多様性

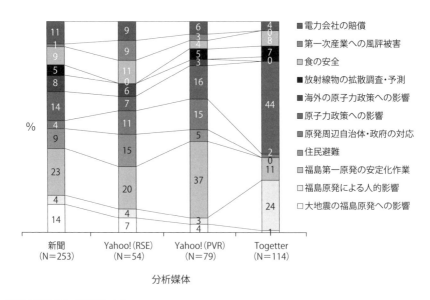

出典：田中ほか（2012）より

図 6-6　原発報道の分析レベルにおける震災後 3 カ月間の各情報の割合

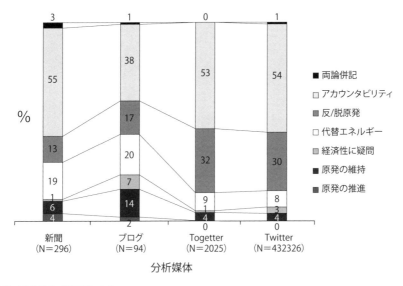

出典：田中ほか（2012）より

図 6-7　今後の原発利用に対する意見の分析レベルにおける震災後3ケ月間の各情報の割合

発報道に関して 11 の項目に分けて表示している。新聞だけに注目すると、他の三つと比較して、項目が細分化されて非常に多様性に富んでいることがわかる。それに対して、「Togetter」の場合は、「原発政策への影響」という項目が 44％と圧倒的に高い割合を示している。項目の数から見ると、新聞のほうが多様性が高いことを示す

最後にもう一つの資料を提示したい。「今後の原発利用に対する意見の分析レベルにおける震災後3カ月間の各情報の割合」を示した図 6-7 である。新聞は「アカウンタビリティ」に関して 55％、「反・脱原発」が 13％、「代替エネルギー」に関しては 19％である。これと比較して「Togetter」は、「アカウンタビリティ」が 53％、「反・脱原発」が 32％である。「Twitter」もほぼ「Togetter」と同様の割合を示している。この結果から見れば、インターネット上では、「反・脱原発」の情報量が非常に多いことがうかがえる。

以上、提示したデータから以下のことが言える。ソーシャルメディアは何かしら特定の情報に偏りがちで、図 6-6 や図 6-7 に示したように、場合によっ

ては、総じて多様性を引き下げてしまう傾向をもっている点である。「Yahoo!」のページランキングはユーザーの嗜好性が反映されて、自分が見たい、あるいは知りたいものに情報が集約されていく。したがって、そこにどうしても偏りが生じることが、このデータからも理解できる。

　このことは「集団分極化」の状況が生起する可能性を示唆している。原発事故に関して「不安を感じている」人は、多くの場合、「危惧すべき、不安がある」ことを示唆する、あるいはそれを表明する情報やデータにますますアクセスしていく。逆に、「安全だ、大丈夫だ」と考えている人たちは、「危険はない、大丈夫である」と示唆する情報にアクセスする。こうした事態が「集団分極化」と言われる事態である。こうした状況が現在のインターネット環境の下で実際に生まれつつある、ということである。

おわりに

　私たちはインターネットの情報が多様性を拡大し、膨らましていると思いがちである。もちろんそうした側面がないわけではない。図6-2や図6-3はそうした特徴を示している。しかし、それは、震災や原発に関する報道だけでなくゴシップや芸能やスポーツにかかわる情報量の多さの反映である、という点を看過してはならない。一見するとインターネット上の情報の多様性が存在するように見えるけれども、図6-6や図6-7に示したように、インターネットだけに閉じこもってしまうと重要な論争点や見解の違いを反映した多様な情報、多様な意見の存在に、気付かないということになりかねない。ある争点に関心が偏ったり、ある一つの意見や主張に対する比重が高まったりしやすい情報環境ができつつある、ということに注意を喚起したい。

　とりわけ低線量の被曝問題など、現在の科学知見では影響の度合いに関して判断することが非常に難しいトランスサイエンスの問題に関しては、リスクコミュニケーションの観点から見ても、多様な情報源にアクセスすることが必要である。このことが、各種の調査結果からも言える。社会教育を考えるうえでも、インターネット上の情報に関するメディアリテラシーを向上させることは大変重要な論点となるように思われる。

【参考文献】

伊藤　守『ドキュメント　テレビは原発事故をどう伝えたか』平凡社新書、2012

伊藤　守「3.11原発事故をめぐるメディア環境と日本社会の課題」『学術の動向』Vol.18、No.1、2013年1月号、2013

ITO, Mamoru. Information Environment Surrounding the Fukushima Dai-ichi, Nuclear Power Plant Accident and its Radiation Problem: From a viewpoint of Science Communication, Fukushima Global Communications Programme, United Nations University, 2015. <http://fgc.unu.edu/en/working-papers>（2015/12/21アクセス）

執行文子「東日本大震災・ネットユーザーはソーシャルメディアをどのように利用したか」『放送研究と調査』2011年8月号、2011a

執行文子「東日本大震災・被災者はソーシャルメディアをどのように利用したか──ネットユーザーに対するオンライングループインタビュー調査から」『放送研究と調査』2011年9月号、2011b

関谷直也「東日本大震災とソーシャルメディア」『災害情報』No.10、2012

田中幹人ほか『災害弱者と情報弱者──3.11後、何が見過ごされたか』筑摩書房、2012

橋元良明「東日本大震災における首都圏住民の震災時の情報行動」『東京大学大学院情報学環　情報学研究　調査研究編』No.28、2012

堀川裕介「東日本大震災時の情報取得におけるソーシャルメディアの位置づけ」『情報通信政策レビュー』No.3、2012

【調査】

野村総合研究所「震災に伴うメディア接触動向に関する調査」、2011<http://www.co.jp/news/2011/110329.html>（2012/8/18アクセス）

サーベイリサーチセンター「東日本大震災宮城県沿岸部における被災地アンケート」、2011 <http://www.surece.co.jp//src/press/backnumber/20110428.html>（2012/8/18アクセス）

第7章

原発事故と生活の安全をめぐる授業実践

大矢英世

はじめに

　2011年3月の東日本大震災とそれに続く原子力発電所（以後原発と記す）からの放射能汚染は、多くの人の職業と生活を奪い、多様な分断を起こさせた。市民の安心・安全な暮らしが最優先に保障される社会でなければならない。しかしその厳しい現状は、隠蔽や情報操作が繰り返される中で煙に巻かれ、私たち市民にはストレートには伝わってこない。身近な家庭生活から自然、社会、政治に目を向け、いのちと暮らしを大切にする生活実践力を培っていく家庭科において、この東日本大震災の現実問題をどのように授業で取り上げていったらよいのか、日本家庭科教育学会や家庭科教育研究者連盟等、それぞれに実践検討が進められてきた。筆者も、2011年10月に鶴田敦子氏（元聖心女子大学教授）が立ち上げた家庭科放射線授業づくり研究会に参加し、「3.11から家庭科教育は何を課題とすべきか」の討論を重ね、原発事故の現状や放射線について学びながら、授業実践について検討してきた。本稿で紹介する授業は、東京の中高一貫私立A男子校の家庭科での取り組みについてである。

　家庭科の学習対象は、食生活、住生活、衣生活、家族関係、職業生活と家庭生活、消費生活、保育、介護、福祉……と生活全般であり、原発事故による生活課題はすべて家庭科の学習とつながり、この原発事故と生活の安全をめぐる課題は、家庭科教育においても避けて通れないテーマとなった。しかし、核の保有の問題、アメリカとの関係、莫大な助成を受けた研究のしがらみ、スポンサーとマスコミの関係など、複雑な社会背景、さまざまな立場からくる利害、政治や経済が複雑に絡み合い、隠蔽や情報操作が繰り返される中で、何を信

じ、何に解決の糸口を見つければよいのか見えてこない。

　教科によって、また授業者の問題関心の持ち方によって、さらには被災地かそれ以外の地域かによって原発題材へのアプローチの仕方には違いがみられるであろう。しかし、その根底にある教材を作る視点は重なる部分も多い。震災から時が経てば経つほどに、被災地から距離が離れれば離れるほどに記憶は薄れ、ましてや東京には原発もないため、原発災害によるいのちと暮らしの安心・安全に関する問題は、東京に住む生徒たちの関心事ではなかった。

　さらには、男子だけという教育環境の中で、身近な生活や健康リスクに関する学びは、自分たちにとってはまだ先の問題と捉え、軽視する傾向がみられた。生徒たちが心でしっかりと受けとめ、問題意識をもちながら取り組んでいける授業を組み立てたい。そんな願いと不安を胸に、生徒の主体的な学びを重視した原発事故と生活の安全をめぐる以下の授業に取り組んだ。

1. 授業の概要

1-1　中学家庭科における「原発災害と食の安全市民会議」の授業

　「原発災害と食の安全市民会議」を設定し、会議参加者を8人として、クラスを八つのグループに分けて一つのグループが一人の参加者を担当し、図書室で文献調査する時間をとってその参加者の立場で主張をまとめ、市民会議のロールプレイングを2012年に実施した。

　まず学習を始めるに当たって「原発災害と食の安全」に対する生徒の知識や考え方を事前調査した。放射線や内部被曝に関する簡単な説明を加えてから、食の安全市民会議のロールプレイングの準備に入った。事前調査の内容は、①東日本大震災について記憶していること、②放射線や原発について知っていること、③震災後に家庭で何か話し合ったことがあるかどうか、あればどのようなことか、④震災後、不安なこと、気になっていることはどのようなことか等をその後の授業内容に触れる前に記入させた。また宿題として、原発事故後に食の選択や食事作りで配慮していることがあるかどうか、あればそれはどのようなことか、家族に取材してくることを課した。

　授業のねらいとしては、原発事故と食の安全についてさまざまな立場、さまざまな意見に触れ、一つの情報のみに縛られずに深く問題を捉え考えることに

ある。原発災害と食の安全市民会議に向けた準備としては、市民会議の参加者を決めることから始めた。8人のうちの2人は、全クラス共通で①福島の女子高校生と②日本生活協同組合の代表者とした。生徒たちが決めた残りの6人の市民会議参加者（図7-1）も、こちらの想定内に収まった。

③福島の生産者 ④総理大臣 ⑤子をもつ東京在住の主婦 ⑥福島県知事 ⑦海外の人 ⑧東電関係者	③福島の生産者 ④総理大臣 ⑤各地の主婦代表 ⑥福島県知事 ⑦チェルノブイリ原発事故経験者 ⑧原子力の専門家
③各地の生産者 ④総理大臣 ⑤子を持つ東京在住の主婦 ⑥日本メディア ⑦海外メディア ⑧原子力の専門家	③福島の農業・漁業組合代表者 ④政府代表者 ⑤デモ参加者 ⑥新聞記者 ⑦海外メディア ⑧東電代表者

図7-1　クラスごとに決めた市民会議参加者

担当グループを決め、情報収集する前にグループごとに話し合って自分たちの担当者だけでなく、8人全員の主張を予想させた。

次の授業では、図書室を利用し、グループごとに他の市民会議参加者への質問内容の検討、担当の参加者の主張原稿の作成、会議で配付する資料づくり、他の参加者グループから寄せられた質問への回答を考えた。市民会議のロールプレイングは、①参加者8人の主張→②質疑応答→③会議の内容を反映させた参加者8人のスピーチの流れで進めた。会議中は、メモを取らせ、市民会議終了後、会議に向けての準備や会議を通じて、原発災害による食の安全の問題について、わかったことや自身の考えで深められたことを記入させ、プリントにまとめ、配付した。

1-2　高校家庭科における福島の女子高校との交流授業

　交流学習は、2013年に福島県郡山市のH女子高校2年生と「原発災害と暮らしの安心・安全への課題」について、家庭科の授業中に書き込んだものを回収し、郵送する形で進めた。まず、こちらから福島の女子校生徒へ福島の現状に関する質問とメッセージを作成し郵送する→次にそのメッセージを受けた福島H女子高校生徒が家庭科の授業で質問への回答および東京A高校生徒への質問を返送する→さらに東京A男子校は、福島H女子校生徒の回答を読み込み、さらに送られてきた質問への回答およびメッセージを添えて送る。という流れで進めた。生徒同士が出した質問項目を表7-1にまとめた。

表7-1　それぞれが送った質問内容

東京A男子校から福島H女子校への主な質問内容	福島H女子校から東京T男子校への質問
1. 福島の現状は？ 2. 被曝の影響についてどう考えていますか？ 3. 原発事故による変化、困っていること 4. 福島に住み続けたいのですか？ 5. 原発についてどう思っていますか？ 6. 国や東電に言いたいことは？ 7. 僕たちが知るべきこと、考えるべきことは？	1. 東日本大震災の影響はありましたか？ 2. 福島県に来てみたいと思いますか？（旅行などで） 3. もし、福島県で働くことになったらどうしますか？ 4. 福島の女性と友だちになったり、結婚できますか？　正直に答えてください。 5. 原発事故があって、自分が何かしたいと考えていますか？ 6. あなたたちが福島県民にできることは何ですか？

　生徒全員が聞きたいことを書きだし、それを教員が項目に分けて分類し重複した質問は省略してまとめ直したが、文面は変えなかった。質問やメッセージを書く際には、受け取った側の気持ちを考慮して書くようにすることだけ指示した。生徒の記した文面を読むと、尖った言い回し、配慮に欠ける質問内容が目についた。しかし、省きたい内容についてもこちらで削除することはせず、送付する際に使える質問のみ残して回答いただきたい旨を書き添えた。結果として福島の女子高校はこちらから送った質問を全部そのまま用いて、回答が送られてきた。

東京A男子高校では、家族・家庭生活の学習および食生活・住生活の学習とリンクさせながら、原発災害の状況、放射線とその影響、原発避難者の現状、原発マネー、原発作業員の現状に関する資料をもとにクラスで意見交流を重ねてきた流れにつなげて、この福島の女子校生徒との交流授業を行った。

1-3 高校家庭科における「美味しんぼ」の鼻血論争を教材にした授業

漫画『美味しんぼ』の中に福島第一原発を訪ねた主人公が出す鼻血を被曝と関連付ける描写があり非難が殺到したため、自治体や有識者による16の賛否両論を取り上げた特集が2014年5月の『週刊ビッグコミックスピリッツ』に掲載された。この16の主張を載せた記事をもとに2014年と2015年に原発事故と健康被害の問題について考える授業に取り組んだ。

図7-2 『美味しんぼ 福島の真実』の鼻血描写

『週刊ビックコミックスピリッツ』に掲載された16の主張は、①安西育郎、②遠藤雄幸、③大阪府・大阪市、④玄侑宗久、⑤小出裕章、⑥崎山比早子、⑦津田俊秀、⑧野口邦和、⑨野呂美加、⑩蜂須賀禮子、⑪肥田舜太郎、⑫福島県庁、⑬双葉町、⑭矢ヶ崎克馬、⑮山田真、⑯青木理によるものである。

2014年は、クラスを16のグループに分けて、担当を決め、担当した主張を読み込んでグループごとにその主張を発表させ、記事の内容から考察する授業を組んだ。2015年は、2014年の取り組みをもとに修正を加えた。

クラスを16のグループに分け16の主張のうちの一つを担当するところは

同じである。2015年の発表に向けたグループ活動を図7-3にまとめた。

グループ発表に向けてのグループでの準備作業を以下のように変更した。まず、担当した主張の他に、二つの主張を読んで、それぞれの主張記事内容に対する質問を考える。→担当した主張の要旨をまとめ、なぜそのような主張をしているのかまず推測する。そのうえで、その主張者の立場、職業、これまでの経歴および原発に対する考え方について必ず資料にあたって調べまとめる。→他のグループから出された質問に対する答えを資料にもとづいてまとめる。

16の主張についての発表は、その主張の立場（原発へのスタンス）、『美味しんぼ』鼻血問題への主張内容、その主張の背景（情報収集をもとにした考察）、他のグループから出された質問への回答について行った。

この発表の後、美味しんぼの鼻血問題の取り組みを通して考えたことを記述させ、生徒同士の振り返りを交流させた。

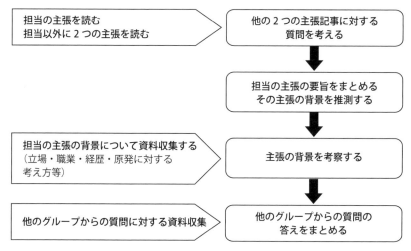

図7-3　発表に向けての準備

2. 授業を通した生徒の変化

2-1　原発災害と食の安全市民会議を通した生徒の変化

授業前の調査で震災翌年の2012年の授業であったため、5割強の家庭が福

島産のものは買わないという回答であった。震災後に家族で話し合ったことと言えば、節電や大地震が起きた時に落ち合う場所を決めておく程度でしかなかった。生徒の問題意識についても、この学習を通して家庭で話をする機会を持ち、家族が食の選択に配慮していることに初めて気づくというのが現状であった。また、グループ活動のため、生徒の取り組み方には差があったことも否めない。そのため、理解が一様に深められたとは言えないであろう。そのため、市民会議（ロールプレイング）の準備や会議を通して、気づき、考えたことの振り返りをまとめさせ、少し間をおいてから再度、クラスで交流させる形をとった。

生徒の振り返りには、基準値が本当に正しい値なのかと考えるようになったこと、これまで思いを巡らせたこともなかった被災地の人の苦悩を知ったこと、原発が必要なのかと改めて考えるようになったこと、放射能漏れがまだ続いていることを知ったこと、原子力に代わるエネルギー開発が必要なことへの気づきがまとめられていた。

2-2　福島の女子高校との交流授業を通した生徒の変化

福島の女子生徒との交流授業前の生徒たちの多くは、原発事故の問題は対岸の火事といった他人事でしかなく、表面的な発言が目についた。原発推進派が使う論理をそのまま持ちだし、原発再稼働が自然の流れだとする意見も多くみられた。生徒たちの発言の中には、今何が起こっているか真実を知る必要があるとする姿勢や被災地の苦難に寄り添おうとする姿勢もみられたが、「原発は必要だ！」と強く主張する生徒の意見にかき消される傾向にあった。そんな生徒たちも、福島の女子校生の声には熱心に耳を傾けようとしていた。なかなか送られてこない返事に生徒から「まだですか？」と何度も聞かれたほどだった。しかし、送られてきた女子校生からの回答（表7-2）と質問を読んで、彼らの表情は一変した。

福島の女子校生の言葉からは、怒りと悲しみ、不安が伝わり、生徒たちはまっすぐにそれを受けとめていた。生きることの厳しさと向き合ってきた福島の高校生は、目の前の生徒たちと同じ高校2年生とは思えないほど大人に見えた。生徒は、時間をかけて福島の女子生徒の質問への回答を考え、最初に質問を送った時の高飛車な言動とは違っていた。中でも「福島の女性と友達になっ

表 7-2　福島の H 女子校生徒の回答より

〈放射線被ばくの影響について〉
- ◆まだまだ先の話ですが不安です。母親になることは女性にとっての幸せであり、憧れです。何事もないことを祈ります。
- ◆影響するんですか？　影響するかどうか、誰にもわからないことです。
- ◆正直、将来の自分の体に何か異常が見つかるかもしれないのは怖いです。子どもに影響が出るのか出ないのかわかりませんが、今の私が一部の人に冷たい目で見られているように子どもたちまでそのようなことが起こってしまうのかと思うと、とても悲しいし辛いです。

〈放射線の怖さの実感〉
- ◆東京で「福島」と言っただけで冷たい視線を感じました。それからは「郡山」「福島」の単語を使わなくなりました。

〈原発についての考え〉
- ◆実際に福島で何が起きているかも知りもしないで、原発に賛成する人。福島に住んでから、生活してから賛成できるか考えてほしい。私は反対。
- ◆関東地区のために福島に原発を置く、これ反対。関東地区の電気は関東地区で賄えばいい。賛成するのであれば関東地区に置くべき。
- ◆原発を無くすか、無くさないかの議論よりも復興がもっと進むように考えてほしい。

〈僕たちが知るべきこと・考えるべきこと〉
- ◆被災した人の気持ちを考えてほしい。
- ◆福島県民を、福島県を誤解しないでほしい。あなたたちがどう感じているかは分からないが、私たちはこの地で生きている。福島で生活している。
- ◆差別しないでほしい。危ないものや汚いものを見るような接し方をしてほしくない。

たり、恋人になったり、結婚できますか？　正直に答えてください」の質問に対する答えに悩み、誠実に応えようとする姿勢を生み出していた。

2-3　美味しんぼの鼻血論争の授業を通した生徒の変化

2014 年に、『週刊ビックコミックスピリッツ』が掲載した 16 の主張の記事をもとに討論させた授業においても、生徒はさまざまな視点から原発災害の問題を見ていくことの必要性を感想として挙げ、こちらの授業のねらいを理解し、振り返りで前向きな考察をしていた。しかし、実感として伝わってくるものが薄かった。2015 年に 16 の記事の背景を調べ、考察するという過程を加え

たのはそのためである。主張の裏側を考える活動そのものから、生徒は情報をそのまま受け取るのではなく、その背景も含めて隠れた情報を読み取っていくことの必要性を実感していた。また、将来研究者になることをめざしている生徒からは、科学の倫理に対する迷いも述べられていた。多くの生徒の振り返りからは報道やメールの情報をそのまま反映するだけの表面的な語りではない気づきが伝わってきた。

3. 原発災害と生活の安全をめぐる授業とメディアリテラシー

　新聞記事を授業で用いることは、これまでも数多く経験してきた。しかし、この原発事故後の報道の在り方ほど強く不信感をもったことはなかった。

　特に「風評被害」という表現は、生徒の記述にも数多く登場した。マスコミが率先して用いてきたワードである。この「風評被害」については、家庭科放射線授業づくり研究会においても、最初に検討した。風評被害は、大辞林（三省堂）によれば、「事故や事件の後、根拠のないうわさや憶測などで発生する経済的被害」と定義される。また、人気タレントを起用した政府の「食べて応援」キャンペーンによっても消費者（中高生）は惑わされた。

　食の選択の場面で、消費者の選択の自由は守られるべきものである。基準値以下であっても、その産地の食物を購入することを消費者が不安に思って買い控え、売り上げが落ちたとしても、それは風評被害とは言えない。被災地の生産者は、放射能汚染による実害を受けたのであって、買わない消費者を加害者とするのは責任転嫁に他ならない。消費者が不安に思いながらも食べることが被災地の真の応援になるわけではない。授業では、この点についても考える時間をとった。美味しんぼの鼻血の描写についても、風評被害とする主張も見られた。この漫画に対して、政府やマスコミが大きく取り上げたこと自体、その背景はなぜかを考えることの方が必要であろう。

　原発事故と生活の安全に関する考え方は、教員の中でもかなり開きがみられるのが現実である。原発推進に賛成の側からは、原発事故による影響を小さく示す情報を支持し、反原発の側からは、報道される事故状況や影響を深刻に捉える情報を支持するのが常である。筆者自身、内部被曝の影響を過小評価する情報より、健康被害について徹底追及していく姿勢の情報を重視していたこと

は否めない。

　三つの授業実践を振り返れば、データも示さず、資料も提示せずに、福島と東京の高校生の対話のみによるシンプルなやり取りを通した学びが、最も生徒たちを納得させ、彼らに変化をもたらすものであった。そこには、情報操作もなく、互いに自分たちの全ての思いや状況を語れたわけでないことを知りながらも、その中に真実を見出すことができたためであると思う。しかし、データやメディアから発せられる情報を読み解く力が養われなければ、その先には進めない。メディアに表現された情報とその背景に隠れた真実を追求していく視点を大切にしていく授業開発が必要であると考える。

おわりに

　少ない授業時間のやりくりをして、原発事故と暮らしの安心・安全に関わる授業にこだわりをもって取り組んできた。しかし、学習後の生徒のまとめで「社会が〇〇となってくれることを期待する」「国は〇〇すべきであると思う」という視点でのみ語られた文面に出合うと、それが一部の生徒の記述であっても、がっかりさせられてしまう。形式的な記述や、建前論・理想論ではなく、生徒自身の行動や生き方に直結した学びを構築していきたい。

　原発事故の傷跡はあまりに大きく、多くの課題が複雑に絡み合っている。原発の歴史、チェルノブイリ原発事故後の被災地の状況、放射線の原理、核の保有の問題、内部被曝と健康課題、エネルギー問題、原発マネー、除染、廃炉、原発作業員の現状、地域の分断の問題等多くの視点から考えていくことが必要である。家庭科という教科で扱える内容は、その一部分でしかない。

　復興には次代を担う若者の行動力が必要である。社会科で深めた生徒の社会を切り拓く学びに家庭科での学びをリンクしていけるように今後も家庭科教育の側からも復興に向けた生活者一人ひとりのいのちと暮らしの安心・安全について探究していきたいと思っている。

【参考文献】

大矢英世「原発災害と食の安全を考える授業」子安潤・塩崎義明編著『原発を授業する リスク社会における教育実践』旬報社、pp.129-140、2013

大矢英世「被災地とつながり、3.11後の暮しを考える──福島の女子高校生との交流学習を通した男子進学校生徒の意識変容」『The Journal of Engaged Pedagogy、関係性の教育学』16（1）、pp.37-46、2017

大矢英世「『美味しんぼ』の鼻血論争から、原発災害の健康問題について考える」家庭科放射線授業づくり研究会『原発と放射線をとことん考える！　いのちとくらしを守る15の授業レシピ』合同出版、pp80-85、2016

雁屋哲・花咲アキラ『美味しんぼ111　福島の真実』小学館、2014

ビックコミックスピリッツ編集部「『美味しんぼ　福島の真実』編に寄せられたご批判とご意見」、小学館　週刊BIG COMICスピリッツNo.25、pp391-400、2014.6.2

第8章

原発事故とシティズンシップ教育

小玉重夫

はじめに

本章では、第Ⅲ部の伊藤報告と大矢報告についての筆者のコメントをまとめることにする。

原発事故直後、多くの専門家が原発事故の規模を低く見積もる発言を行い、放射線被曝の影響についても「ただちに健康に悪影響を与えるものではない」といった類の発言を繰り返してきた。だが、そうした発言は必ずしも市民から信頼されておらず、その結果、消費者、生産者の双方が不安と負担に悩まされている状況がある。

このような科学や専門家への不信を解消するためには、放射線の影響について専門家の間でも論争があることを隠さずに示し、市民の側の判断力（政治的リテラシー）を高め、判断を専門家任せにしないような教育を行わなければならない。本章では、政治的リテラシーを基軸に据えたシティズンシップ教育として、放射線教育の意義と可能性を考えたい。

1. これまでに提起されている課題

原発の事故報道をめぐって提起された問題の一つに地元ローカルのテレビ局が固有に抱える問題としての避難者報道のあり方がある。そこで浮き彫りになったのは、当事者性と公共性の間の距離、当事者であるということと、原発の問題にしても健康の問題にしてもエネルギーの問題にしても、私たちが住んでいる社会の方向性をどう決めるかという公共性との間の距離感である。公共

的な事柄を判断するときに、当事者の視点から見るのと当事者性がそれほどでもない人の視点から見るのとで、ニュアンスが変わってくる場合がある。

　避難の問題はその典型である。当事者にしか知り得ない問題があり、しかもその当事者自身の判断が引き裂かれているという場合である。そのときに、どういうふうに報道の現場でその声をすくい取って伝えていくのかということをめぐる難しさ。こういう問題は原発の問題に限らず、戦争の問題であったり、あるいは貧困の問題など、さまざまな問題について妥当する。今回のケースでは原発被害をめぐってまさに当事者性と公共性の間の距離感が浮き彫りになった。

　また、第6章の伊藤報告では、リスクコミュニケーションにおけるソーシャルメディアの果たす役割の両義性が指摘された。特に興味深かったのはサイバーカスケード（集団分極化）という考え方である。ソーシャルメディアは、ほかのメディアに比べると争点や情報をある極端な方向に伝え増幅させていく傾向が非常に強い。法学者のキャス・サンスティーンらは、これをカスケードとよぶ（サーンスティン『恐怖の法則』角松生史ほか訳、勁草書房、2015など）。伊藤報告ではこの問題が具体的な事例に即して報告された。

　第7章の大矢報告では、以上で示したような問題を教育実践の中で解決していくヒントが示された。

　当事者性と公共性を架橋する方法としては、ロールプレイングという形が提起された。自分自身を例えば当事者に置き直してみる、あるいは当事者ではない立場に置き直してみる、そこでどういう議論ができるのかを考える。さらには、東京の中高一貫の男子高生と、福島県の女子高生との交流を通じ、当事者性と公共性の架橋を教育実践の中で試みる可能性が追求されている。また、カスケードの克服に関しては、大矢実践では市民会議という形での熟議民主主義が試みられている。これらは全体として、争点を考えるシティズンシップ教育の試みであるといえる。

2. パターナリズムを超えて

　そこで、争点を考える場合に熟議民主主義がどこまで有効であるのかについて考えてみたい。前述したカスケード（集団分極化）について、サンスティーン

は、熟議による合意ができない領域の存在を認めるべきであるという立場をとる。これを彼は、リバタリアン・パターナリズムという。

　例えば被害やリスクの問題は私たちの予知の可能性の域を超えている部分がある。その場合、前述の避難に関して、移動の自由は最大限確保し、個人の選択の自由を保証しつつも、他方では、一定の規制区域を設けるなどして、行政の側のある程度の規制を行うという行政対応が想定されうる。そうした対応は、避難を強制するパターナリズム（保護主義）でも、完全に個人の選択に任せるリバタリアニズム（自由至上主義）でもなく、個人の行動の自由選択を一定程度確保したうえで、移動に一定の規制もかけるという意味で、リバタリアン・パターナリズムと呼ばれている。

　ヨーロッパやアメリカでは、リスクの問題をめぐってはいろいろ議論がある。科学的証拠に基づかない場合でも厳しい規制を取るべきだという precautious principle（予防原則）の立場が強いヨーロッパと、科学的なエビデンスに裏付けられている場合にのみ規制的な措置を取るべきだとする preventive principle（未然防止原則）の立場が強いアメリカ的な方向との間にあって、従来の日本はどちらかといえばアメリカ的な方向で原子力規制などをやってきたのだと思うが、2011 年の東日本大震災以降、かなり揺れているという状況がある。

　とりわけリスクは、個々人の行為の外側にある外在的な危険であるデインジャーとは違って、個人の選択と社会的な意思決定に非常に密接に結び付いた概念であり、どこに住むことを安全とみるか、どの程度の放射線量であれば受容可能だとみなすかというのは、私たち自身の個人の意思決定と非常に密接に結び付いている。つまり、そもそもリスクという概念を取ること自体に既に個人の選択の自由を認めているという含意がある。つまりリスクという概念自体が脱パターナリズム的なニュアンスを含んでいる。そのうえで、個人の選択の自由に委ねるリバタリアニズムと、市民の間で議論をし、合意形成を探る熟議民主主義とが、あり得る二つの方向性として提起されていると言える。

　前述のサンスティーンは、完全なポピュリストにはならない、つまり人々の選択や合意形成に完全には委ねない。しかし他方で完全なテクノクラートにもならない、つまり専門家が全部決めるということもしない。その中間の立場をとるという意味で、リバタリアン・パターナリズムという立場を提起する。

　ただし、論争的問題を考えるシティズンシップ教育の観点に立てば、合意形

成と選択の自由との間に、もう一つの道を用意することが可能なのではないか、それが、大矢実践でも提起されたような、当事者性と公共性を架橋しうるような、自分自身をある特定のアイデンティティに同定させないような、自分自身の境界を越えうるような、異質な他者を架橋する実践の可能性だったのではないか（この点について詳しくは、小玉重夫『難民と市民の間で』現代書館、2013年を参照されたい）。

　この異質な他者を架橋する実践の例として、専門家と市民を架橋する放射線教育の事例を取り上げてみたい。

3. 専門家と市民を架橋する放射線教育

　新しい放射線の副読本が2014年に刊行されたが、そこでは、放射線量と健康との関係についてかなり立ち入った論点が書かれている。ICRPが、低線量被曝のリスクについては比例関係にあると認識して勧告をしているというようなこと、100mSv以下の低線量被曝のリスクについてはさまざまな意見があるということなどが書かれてあり、2011年の副読本に比べても記述は一定程度改善されている。その場合に、専門家の間でも意見が分かれているような論争的な問題に関しては、専門家と市民の間を架橋するような放射線教育が重要と

図8-1　2014年版副読本

なる。

　その際のポイントは三つで、一つは専門家と市民をどう橋渡ししていくのかという問題である。もう一つが争点を知るという点、そして三つ目が、問題を心理主義的に個人化させないことである。つまりリスク管理の問題が、伊藤報告でも触れられていたように、個人に対する説得の話法にならないようにすることである。問題を心理主義的に個人化する構造、心配し不安になるほうに問題があるとみなす構造、ここをどう転換させていくのかというところが、この問題を考えていくときに非常に大きな問題である。

　以上、専門家と市民を橋渡しするということ、論争的な問題を取り上げるということ、そして三つ目に問題を心理主義的に個人化させないということ、この三つを踏まえるということが重要だと思う。

おわりに

　最後に、残されたいくつかの課題を提起して終わりたい。18歳選挙権で高校生が選挙権を持つようになったときに、今後ますます、いかに論争的な問題を取り上げるかが教育の現場にとっても非常に大きな関心事になってきている。この争点の扱い方と関わって、ソーシャルメディアにおける専門家と市民の架橋という点と、シティズンシップ教育が問題を心理主義的に個人化させないためのカリキュラム論的な条件という点を指摘したい。

　まず伊藤報告に対しては、ソーシャルメディアにおける批評空間の可能性を問いたい。マスメディアの場合にはある程度批評空間があって、新聞にしても放送にしても、新聞を批評する言論であったり放送を規制したり論評したりする場があるが、ソーシャルメディアというのはそれ自体を批評する場があまりないようにみえる。そのため、カスケード化して極論になってしまう。ソーシャルメディアにおける批評空間とは何なのか。専門家と市民を架橋する批評空間がソーシャルメディアにおいて成立する条件は何かが問題となる。

　次に大矢報告は、それ自体が家庭科におけるシティズンシップ教育の実践として提起されているのであるが、家庭科については、自分たちがどういう生き方を選び取っていくかという個人のライフスタイルの問題を考える教科と受け取られる傾向もある。そのような生き方を選択する教育という面でシティズン

シップ教育を考えたとき、争点がある問題を心理主義的に個人化させないために、シティズンシップ教育は社会科教育や家庭科教育を含めて、今後、どういう教科として発展・再編されていくことが望ましいのかということを考えたいと思っている。

第 Ⅳ 部

東日本大震災からの復興と社会科

第 9 章

東日本大震災からの復興とまちづくり
——原発被災地の復興とコミュニティ形成

天野和彦

はじめに

　東日本大震災と東京電力福島第一原子力発電所の事故から 7 年が経過した。この複合災害により福島県は、未だに先が見えない不透明さを抱えている。東京電力福島第一原子力発電所の事故による放射能汚染で「避難指示」が出されていた区域のうち、浪江町と飯舘村、川俣町山木屋地区の避難指示は 2017 年 3 月 31 日に解除、翌 4 月 1 日には富岡町も帰還困難区域を除いて避難指示が解除された。帰還政策が進む一方、既に解除された市町村も住民の帰還は進まない状況となっている。2015 年 9 月に避難指示が解除された楢葉町の帰還率は 24.7％（2017 年 7 月 31 日現在）[1] にとどまっている。さらに帰還した住民の内訳としては高齢者が多くなっており、生活環境の整備が大きな課題となっている。避難解除をめぐる課題は、帰還者だけではない。帰還することを戸惑いためらっている避難者にも世帯分離などによる貧困や福祉にかかる問題が大きく立ちはだかっている。

　また、福島県は、避難指示の解除の見通しや、復興公営住宅の整備、自宅の建築・修繕等住居の確保の状況を踏まえ、東日本大震災に係る仮設・借上げ住宅の供与期間の延長について、2019 年 3 月末までさらに 1 年間延長することとした。福島県避難地域復興局発表の「第二次福島県復興公営住宅整備計画」（2013 年 12 月）によると、原子力災害による避難者のための復興公営住宅については、全体で 4,890 戸を整備することとしている。市町村別の整備戸数は、福島市 430 戸、会津若松市 100 戸、郡山市 570 戸、いわき市 1,760 戸、二本松市 340 戸、南相馬市 900 戸、川俣町 170 戸、三春町 220 戸、田村市、本宮

市、桑折町、大玉村、川内村他400戸となっている（整備戸数には、市町村営分を含む）。

　そうした中、さまざまな震災関連死をはじめとする課題が顕在化してきている。本稿では、浪江まちづくり未来創造ワークショップ事業の取り組みと復興公営住宅におけるコミュニティ形成支援の取り組みから、復興過程における住民主体のコミュニティ形成についてその課題と方向性を考えていきたい。

1. 浪江まちづくり未来創造ワークショップ事業の取り組み

　福島県浪江町民で震災後結成された「まちづくりNPO新町なみえ」は、これまで浪江町の復興を願い市民の側から様々な発信を行ってきた。浪江町の避難指示解除が示されると、帰還者も避難者もそれぞれの地でどう生きていけばいいのか、「どこに住んでいても浪江町民」という町行政が掲げていたスローガンを名実ともに実現させていくためにはどのようにあればいいかについて、新たな事業を起こし共に考える場を創り出した。それが「浪江まちづくり未来創造ワークショップ事業」である。筆者はファシリテーターとしてこの取り組みに企画からかかわってきた。

1-1　福島県浪江町の震災後の状況

　福島県双葉郡浪江町は、福島県浜通り北部に位置する町である。帰還困難区域の面積は町全体の80％およそ約180km²にあたる。東日本大震災当時の人口は、約21,500人であった。現在の住民登録数は約18,200人である。現況であるが、帰還し、居住している住民は286人（199世帯）（2017年7月末現在）である。その他の町民は、現在も町外での避難生活を続けている。避難先は福島県内が約7割、県外が約3割（全国44都道府県で）の割合である。福島県内の約30カ所ある仮設住宅には、現在も約1,200人が居住している[2]。

1-2　特定非営利活動法人 まちづくりNPO新町なみえについて

　こうした、厳しい状況下にあっても、そこに希望を創り出そうとする市民活動団体が震災後1年を待たず誕生している。その団体が「特定非営利活動法人 まちづくりNPO新町なみえ」（以下、新町なみえと略す）である。

新町なみえは、2012年1月にふるさと浪江町及び周辺地域に対して、ふるさとの再生を目指して、復興のまちづくりに取り組むことを目的として結成された。現在85名を超える会員を抱えている。

　これまで、新町なみえは三つの「つなぐ」活動を中心に展開してきた。一つ目は「人と人をつなぐ」活動である。具体的な活動としては、県内・県外の交流会、各仮設・借上げ住宅自治会への支援、浪江町の名物である焼きそばを提供した交流イベントなどである。二つ目は、「人とふるさとをつなぐ」活動である。具体的な活動としては、復興なみえ十日市祭への実施協力、なみえの盆踊りの復活を主催するなど、浪江町の文化・芸能の継承支援である。三つ目は、「人と未来をつなぐ」活動である。具体的な活動としては、ふるさと復興まちづくりワークショップの開催や連動して開催されたシンポジウム・フォーラムの開催、町主催の3.11復興のつどいへの参加協力などである。さらに、町外で安心できる生活を送るため、町行政が当初提案していた町外コミュニティについても、行政任せにせず、自ら土地を探しそこでコミュニティを築こうとする取り組みや移動支援「新ぐるりんこ」の立ち上げ・運営も実施してきた。

　新町なみえは、復興まちづくりも今後30〜40年かかるとして、長期避難での町外コミュニティの形成や二地域居住しながら町本体の復興をめざすこと、分散したコミュニティをつなぐネットワークの構築などをめざして活動を継続していくとしている。

1-3　浪江まちづくり未来創造ワークショップ事業の取り組み

　浪江まちづくり未来創造ワークショップは（以下ワークショップと略す）、浪江町の町内、町外におけるアイデンティティ、コミュニティ形成、仕事づくり、生活再建などの課題について、市民側からも提案・協働することで復興を加速させることを目的としている。この事業は、三つのコンポーネントで構成されている。コンポーネント1は、帰還後の町の課題を洗い出しながら整理し解決方法を探っていくことをめざす。具体的には、地域ごとの地図を作製しどこに問題があり、そこをどう変えていくのかを明らかにしながら浪江町の全体像を、ワークショップ参加者と共有しながら今後のまちづくりを考えるものである。コンポーネント2は、すぐには帰還できないとする町民の生活再建のた

めのワークショップである。住宅再建はできても、未だ生活再建ができている住民は少数である。そのため、自主的に参加したくなる仕事や活動のアイディアを出し合い、参加者各人の暮らしの再建を促していくワークショップをめざす。コンポーネント3は、町内、町外のコミュニティが独自に運営されるのではなく、互いの状況を理解し繋がり連携し合っていけるかを模索するワークショップである。具体的には、コンポーネント1、2でだされた内容を、シンポジウム形式で全体共有を図り、これからの青写真を描く場とする。

1-4　帰還の意向がない、または留保している町民対象のワークショップの実際

筆者は、前述のコンポーネント2のファリシテーターとして、町民参加型によるワークショップの企画・運営を中心的に進行してきた。対象は、帰還の意向がない、または留保している町民である。ワークショップは全4回実施し、その構成と内容は次のとおりである（写真9-1）。

目的であるが、①浪江町民の生活再建のために必要なことは何か、②必要なことをどのように実現するのか、また自分はそれにどう関われるか、について考える。さらに、③考えたしくみを行政に提案し、共に動く。ということをワークショップ冒頭に全体で確認した。

ワークショップの構成は、次の3ステップである。
STEP-1「今の暮らしの状況を語り合い、共有する」
STEP-2「3年後の暮らしのイメージを描く」
STEP-3「仕組み化・制度化・事業化の案を生み出す」

写真9-1
第3回ワークショップの様子
会場：福島県男女共生センター
2017年2/1（水）開催
（筆者撮影）

ワークショップ実施の際は、毎回ファシリテーショングラフィックを活用しワークショップ全体の「協議の見える化」を行ってきた。
　そうした、ステップを踏んで相互に協議を進めてみると、STEP-1では、現在の生活の悩みが数多くあがってきた。それらをキーワードとして整理してみると7項目に区分できた。以下列記してみる。
　①健康（健康への不安、家族の病気、夫婦間ストレス）
　②経済（経済的な不安、賠償問題、仕事がない）
　③家族（家族の離散・分断、高速道路有償化、親の介護、自らの高齢化、家族全員で暮らせる家が欲しい）
　④住環境、居住環境の不満（不慣れな住環境――復興公営住宅、今の生活に慣れるしかない、景色になじめない）
　⑤コミュニティ・居場所（身のまわりのコミュニティの崩壊、コミュニケーションの場の不足）
　⑥避難・帰還（暮らしの先行きの不安、慣れない土地、帰還という選択への迷い）
　⑦その他（生きがい、相談相手）
　以上のような厳しい現実の中、どういう暮らし方をしていきたいのかを協議したのが、STEP-2である。現実から乖離しないように「3年後」という時間設定を用いたことで参加者によりイメージしやすいテーマにした。ワークショップでは、以下の9項目について議論が出された。
　①健康――元気で生き生きとした暮らし、外出する機会をつくる
　②農業・自然――畑仕事、植栽、山菜取り、海釣り
　③家族――二・三世帯で一緒に暮らす
　④コミュニティ・つながり――シニアハウス、各種イベントへの参加
　⑤経済的安定――安定した仕事と収入を得る
　⑥暮らし方――安心できる住宅の確保
　⑦産業・生業――農林水産業、大堀相馬焼の復活
　⑧趣味・生きがい――楽しみの創出（畑仕事、植栽、山菜取り等）
　⑨移動・交通――自由な移動、送迎の仕組み化
　現実を踏まえながらも、暮らしをより良いものに変化させていきたいという願いをくみ取ることができる。このSTEP-2で浮かび上がってきた「願い」をどうしたら実現させることができるのかを協議したのが、STEP-3である。

①健康——健康推進のグループやサークルをつくる
　➡想定される取り組み：健康福祉課などからの補助金の支援により組織化を促進
②農業・自然——家庭菜園・シェア農園、農業の産業化
　➡想定される取り組み：菜園用地の確保と指導者や支えるための仕組みづくりを促進（家庭菜園事業はすでに実施）
③家族——二地域居住のサポート、家族の絆再生プロジェクト
　➡想定される取り組み：世帯分離・二地域居住を支える補助金、家族活動総合支援事業
④コミュニティ・つながり——シニアハウスプロジェクト始動、交流サロンの充実、ネットワーク型コミュニティ再構築事業
　➡想定される取り組み：シニアハウス先進モデル事業、広域交流バスの運行
⑤経済的安定——高齢者向けシェアハウス、雇用創出・生活費補塡
　➡想定される取り組み：会員制の高齢者向けシェアハウスシステム構築、特産品を活かした雇用を生み出す事業創出（大堀焼など）、NPO型自治・まちづくり団体の創造による雇用創出・生活費補塡事業
⑥暮らし方——町内外コミュニティ交流プロジェクト、集団移転、お墓管理事業、映画館施設の建設
　➡想定される取り組み：公民館などを他地域の小規模多機能事例を勉強し合い一緒につくっていく
⑦産業・生業——高齢化に伴う対応体制の確立、被災地ツーリズム
　➡想定される取り組み：高齢化に伴う事業展開（講習など認知症患者への対応体制の確立）、ホープ／アーカイブツーリズムの促進
⑧趣味・生きがい——各種生きがいづくり・サークルづくり
　➡想定される取り組み：山菜採り、ガーデニング、健康増進、旅行など要望の多いものをサークル化
⑨移動・交通——送迎サービスの確立（ぐるりんこの発展）
　➡すでに実施

以上、9項目に沿って具体的な生活要望が浮かび上がってきた。一部実現しているが、これらを行政に提案し、ともに実現に向けて動き出すことが次の段

階になっていく。

2. 復興公営住宅におけるコミュニティ形成支援の取り組み

「第二次福島県復興公営住宅整備計画」[3]によれば、復興公営住宅の基本的な考え方として、コミュニティの維持・形成をあげており、次の4点について示している。

①復興公営住宅は、避難されている方々のコミュニティの維持・形成の拠点となるものです。
②このため、入居に当たっては、市町村単位や親族同士等、複数世帯の入居（グループ入居）に配慮します。
③コミュニティ集会室等を併設する等、入居する方々はもちろん、周辺に避難されている方々も含めて交流できるよう整備します。
④さらに、コミュニティ集会室等を拠点に、地域にお住まいの近隣住民の方々とも交流が図られるよう、コミュニティ復活交付金等を活用した様々な事業を実施します。

福島県はそうした復興公営住宅の基本的な考え方のもと、県内の復興公営住宅でのコミュニティ形成を促すことを目的に、福島県生活拠点コミュニティ形成事業という名称で、市民活動団体に2014年度より委託をしている。受諾団体は、本拠を福島県いわき市に置く、「特定非営利活動法人3.11被災者を支援するいわき連絡協議会（通称みんぷく）」である。この法人は、東日本大震災と東京電力第一原発の事故の被災者、避難者を支援し、「3.11」からの復興を目指すとし、地域コミュニティの再生や就労の問題、日々の暮らしに係る多種多様な問題を解決するため、「みんなが復興の主役」となって状況を変えていくという目的で活動をしている。筆者は、2015年4月から11月までこの事業の全体総括という立場にあった。県内各地域に設けられた拠点（2016年12月現在では福島、郡山、会津、いわき、南相馬の5拠点）を中心に、被災住民同士が自ら主体的に交流できる環境づくりのサポートの役割を担うのが「コミュニティ交流員」である。「コミュニティ交流員」の業務の内容は次のとおりである[4]。

①復興公営住宅入居者同士のコミュニティ形成に向けたきっかけづくりや交流活動の支援

②入居者の交流促進を図るための訪問活動の実施
③復興公営住宅の団地自治組織の形成や運営支援
④入居者と地域住民との新たな交流の場の創出
⑤復興公営住宅の団地内外における共助機能の確保
⑥地元町内会加入に向けた地元自治組織との総合調整
⑦関係機関（行政機関、社会福祉協議会、NPO等）との連携体制の構築
⑧交流やサロン活動の充実を図るためのホームページの作成、ニュースレター等による情報発信
⑨その他、コミュニティ維持・形成に必要な支援

　上記の役割に加えて図9-1に示したように、事業全体の総括という立場で筆者が「0＋5でいのちを守る」という全体的な方針（図9-1）をつくり、これ

図9-1　みんぷく2015の仕事（筆者作成）

を各事務所において具体化して日常の支援活動に落とし込むことを求めた。

　方針の根幹となるのは、「0」として示したチームを意識して動くことを求めた強固な体制づくりである。まさに事業そのものの基盤ともいえる。そこを基本としながら五つの方針を示している。その詳細を次に述べる。①集会所の活用と自主運営サポートであるが、集会所を交流の場として明確に位置付けることで「いのちを守る」ことにつなげようという視点である。この交流の場の保障は、単なる場所の確保を指すものではない。スペース＋人という環境が、交流の場を保障する要件になる。②戸別の見廻りの体制づくりでは、事業の広報活動を通じた情報収集や社会福祉協議会との連携した見廻りでの情報収集を展開するとともに、訪問時の状況を関係団体とも内・外部で共有する仕組みに発展させる。こうした情報を把握することによって的確な支援につなげることができる。③自治会設立支援では、被災者自身が自立した生活再建に向かうことができるような自治活動を支える組織を形成していく支援や、自治的活動をとおして被災住民のエンパワーメントが図られるような支援を行う。被災者自身が生活再建を図るうえでの主体である。その主体に対しての支援の方向性を明確にした。④支援者連絡会議では、抜け、漏れのない支援のための情報共有の仕組みを方部ごとにつくったり、既存のネットワークがあれば加入したりする。また、そうした情報をもとに必要な事業等の立ち上げを図る。基本的には同じ課題をもつ支援者同士がネットワーク化され、それぞれの得意分野で活動を展開することができる環境の醸成が不可欠である。⑤支援を支える研修の確立では、福島大学COC等と連携した復興やコミュニティ形成について必要なスキルを体系的な研修で学ぶ。また、先進地視察や先進事例から学び、さらに現場での実践事例のカンファレンスをとおして学ぶことで現場に直結した即時的なスキル形成になる。以上、五つの方針について記載したが、どれもが被災者支援を行う際に欠かすことのできない視点でもある。

2-1　コミュニティ形成支援の具体的な展開——元のコミュニティを超えた交流と住民男性の参画

　避難所や仮設住宅においてコミュニティ形成が、その後の生活再建を見据えていくうえでも重要であることは言うまでもない。それは復興公営住宅においても同様で、住民同士のコミュニケーションを始めとするコミュニティがもつ

力が孤独化や孤立を防ぎ、被災住民が避難先での生活を営もうとする意欲につながっていくものと考える。避難所や応急仮設住宅等での取り組みで確認された、多様な交流の場を保障しつつ、自治活動を促進していくということが、復興公営住宅においても重要な視点となるのではないかということから、活動を展開してきたが、応急仮設住宅等で抱えた課題と同一の課題が生じてきている。拠点地域を超えて複数のコミュニティ交流員に課題の聞き取りをしたところ、避難元地域別に入居していても、実際にはなかなか交流が進んでいない

写真9-2　4町の特長を生かした七夕飾り（筆者撮影）

という状況に加え、多様な交流事業を開催しても男性の参加が非常に少ないということであった。避難元地域を超えて交流し、男性の参加も得られるような活動の設定が求められた。そこで、筆者は事業の総括として、先に述べた「みんぷく2015の仕事」を示し、各拠点での基本的な被災者支援の視点を整理した。さらに、多くの復興公営住宅が集中し4町（大熊、双葉、浪江、富岡）から入居していた、いわき市小名浜に位置する下神白団地において、モデル的に避難元地域を超えて多くの被災者が参画でき、男性も参画できる機会をいわき拠点のスタッフや地元の芸術系市民活動団体である「特定非営利活動法人Wunder ground」とともに創出する事業に取り組んだ。活動は、被災者同士の交流にとどまらず、避難先地域であるいわき市民との交流もできることということから、90年以上続いてきた「平七夕まつり」（毎年8月6日から8日にかけて開催）に4町の特長を生かした七夕飾りをつくり出展することとなった（写真9-2）。この取り組みは、コミュニティ交流員を通じて、各団地の棟ごとに呼びかけられ、4町の枠を超えてのべ230名の被災者が参画することとなった。なお、下神白団地の作品として出品された七夕飾りは審査員特別賞を受賞すると

写真 9-3　おでん屋台づくり（筆者撮影）

いうことになり、団地内住民が喜びを共有することもできた。それを足がかりに、団地内の環境を整備しようとの気運が高まり、ベンチづくりを住民主体で取り組んだ。

さらに、そうした元のコミュニティを超えた交流を基礎に、なかなか事業等に参加することがなかった男性の参画を保障する機会として、「おでんプロジェクト」が団地内被災者に呼びかけられた。おでん屋の屋台を共同作業でつくり、おでんをつくってともに楽しむという、まさに被災者自身が居場所を創り出すという取り組みである（写真9-3）。多くの住民男性が屋台製作にかかわり、なかでも製作のリーダー的存在になっていったのは、震災以前に建築関係に携わっていた複数の男性たちだった。これは、自らの役割があることでコミュニティに参画しようという意欲を喚起させるという、まさに出番を創りだし「居場所」づくりにつなげていったのである。

おわりに

避難所から応急仮設住宅へ、そして復興公営住宅に移り住むようになった被災者の実態をとおして、コミュニティ再生の課題から孤独死・孤立死を引き起こす課題を始めとして、問題が多様化・複雑化してきていることが明らかになった。改めて「復興」とは何かについて考えてみると、単なる地域を震災前に戻すという「復旧」とは違い、災害が起きたことによってそれまで地域が抱えていた脆さや弱さが顕在化してくることを課題に変えて、その課題を解決していく過程が「復興」なのではないか。コミュニティの力が弱くなってきていることは、震災以前から多くの社会的事象から明確だった。そのうえで、原発

事故によってコミュニティが崩壊した状態で避難をせざるを得なかったことが二重のくびきになって被災者に降りかかったといえる。これまで述べてきた取り組みはいずれも震災後顕在化した脆さを克服しようという試みである。本来の住民自治を取り戻していくことをめざしながら、生活再建への青写真を描く支援やそのための交流の場の提供や居場所づくりの支援をしてきた。そうした支援を受けながら、被災者自身がその過程で気づき、つながり合い、またつながりから学んで生活を再構築しようとしてきた。そうした姿は、平時における防災・減災の地域づくりはいかにあればよいかを明確に示しているのではないか。

《注》
(1) 福島県楢葉町ホームページ（2018 年 2 月 6 日閲覧）
　　http://www.town.naraha.lg.jp/information/genpatu/001261.html
(2) 福島県浪江町ホームページ（2018 年 2 月 6 日閲覧）
　　http://www.town.namie.fukushima.jp/soshiki/2/namie-factsheet.html
(3) 福島県ホームページ（2018 年 2 月 6 日閲覧）
　　https://www.pref.fukushima.lg.jp/uploaded/life/52372_68585_misc.pdf
(4) 特定非営利活動法人みんぷくホームページ（2018 年 2 月 6 日閲覧）
　　http://www.minpuku.net

第10章

小6「わたしたちの願いを実現する政治」の実践

星　博子

はじめに

　2011年、東日本大震災が発生し、仙台市も大きな被害を受けた。仙台市立桜丘小学校（以下桜丘小と略す）がある地域は比較的被害が小さかったこともあり、児童がもつ震災の記憶は、薄くなってきている。しかし、震災を経験したからこそできること、伝えられることがある。私たちには、児童たちとともに震災を伝え、自分たちの生活と社会との関わりについて考えていく役割がある。

　桜丘小2013年度の6年生は、「総合的な学習の時間」に、仙台市PTA協議会の復興支援「被災地訪問活動」を利用し、仙台市立中野小学校（以下中野小と略す）6学年児童と津波被害の爪痕が残る中野小学区の蒲生地区で交流活動を行った。活動のねらいは、①桜丘小の児童に被災地を見せること、②児童同士の交流を通し、これからの自分の生き方を見つめることである。当日は、中野小跡地や住宅街だった場所を両校の児童が一緒に歩いたり、蒲生干潟で生き物を観察したりと、中野小の児童との交流を深めた。楽しんで活動していたが、児童は、震災の爪痕を実際に見たり、話を聞いたりしたことで、改めて津波の恐ろしさを感じたようだった。活動の中では、中野小学校区復興対策委員長さんから、復興に対する地域住民の思いを聞く機会をもつことができた。また、桜丘小には、震災当時、中野小に勤務していた教員がいた。児童は、その教員より震災直後の様子やその後の生活、そして中野小が閉校することを聞き、震災のことを自分たちのことのように考えていた。さらに、児童は、仙台市職員から市が行ってきた復興対策や防災会議の話を聞く機会に恵まれ、被災地域の

復興への思いと行政の復興に対する考えの両方を知ることができた。筆者は、これらの活動を通して、今回の貴重な体験を、小学校社会科政治学習に結びつけることができるのではないかと思い、東日本大震災の被災地を訪問した活動を手掛かりにしながら、社会科・政治分野の学習の在り方について考えた。

1. 防災教育を取り入れた社会科・政治分野の学習

歴史単元とは異なり、児童は、政治分野の学習に「難しそう」「新聞やニュースで耳にすることは多いが、よく分からない」など、苦手意識をもっていた。そのため、少しでも政治に関心が持てるように、身近な出来事を取り上げることによって、スムーズに政治の学習に入れるのではないかと考えた。また、仙台市では、震災を教訓とした防災教育副読本『3.11 から未来へ』を作成し、各小中学校で防災学習の時間が持たれ、防災教育が強くもとめられていた。そこで、「総合的な学習の時間」での被災地訪問や、身近な震災という出来事を取り上げ、震災からの復旧・復興を教材として取り入れることが、政治の仕組みを理解させるための手立てになるように、「わたしたちの願いを実現する政治（10時間扱い）」の単元計画を立てた（表10-1）。本単元のねらいは、「人々の願いが実現するまでの政治の働きを具体的に調べ、国や地方公共団体の政治の

表10-1　単元の指導計画（略案）

段階	時間	○主な学習内容
つかむ	1	震災からの復旧や復興への取り組みに関心をもつ。
	2	震災後の仙台市の取り組みを調べる、国や県などと協力して対応していたことを知る。
	3	政治には災害に備えた計画や決まりがあることを知り、その働きについて調べる計画をたてる。 人々の願いを実現するために、政治はどのような働きをしているのだろうか。
調べる	4～7	国会・内閣・裁判所の働きや税金について知る。
まとめ	8	国会・内閣・裁判所の関わり合いについて知る。
いかす	9	学習したことを生かし、国民の願いを実現するために必要なことを考える。（模擬議会）
	10	政治の働きについてキーワードを使ってまとめることで、これまでの学習を振り返る。

しくみを捉え、国会や内閣、裁判所の役割を考えるとともに、自分たちの声を政治に生かしていこうとすることができる」ことである。復興への意識を高めつつ、単元のねらいを達成することができるように、震災からの復旧・復興を中心とした防災教育を、全10時間のうち、つかむ段階の3時間、いかす段階の2時間で取り入れた。

2. 授業実践

2-1 被災地訪問から課題をつかむ（つかむ段階）

つかむ段階では、実際に行われた震災からの復旧・復興政策を取り入れた。震災からの復旧・復興、そして地方公共団体や国の働きへと学習を展開していくことで、自分たちの生活と政治が密接に関係し合っていることを理解させたいと考えた。実体験を学習過程に組み込むことによって、より切実感をもって政治の学習を始めることができると考え、以下のような取組を行った。

① 「被災した人々にどんな手が差し伸べられたと思うか。」という学習課題をたて、グループで話し合いながら実際に行われた復旧・復興の取組を短冊に書き出した。

② 仙台市のホームページから実際の復興の取組について調べ、市だけではなく県や国と協力し合っていることに気付かせた。

③ 「仮設住宅が欲しい」という住民の願いを実現するまでの行政の働きについて調べた。予算はどこから出ているのかという疑問をもったことから、税金の仕組みや国会・内閣・裁判所の働きについて学習を進めていった。

第1時では、実際に行われた震災からの復旧・復興政策を取り入れた。救助活動の写真を見せたり、「総合的な学習の時間」の体験を思い出させたりしながら、震災直後の様子や、そのとき自分たちの生活で大変だったこと、当時自分たちは何を必要としていたかを自由に話し合わせた。このとき、震災の被害に関心が向きがちだったが、被害の状況ではなく、復旧活動に目が向くように促した。その後、児童に、被災された人々にどんな手が差し伸べられたと思うか投げかけた。話し合ったことをもとに、気付いたことをそれぞれノートに書かせた。そして、グループになり、自分たちが気付いたことを短冊にしてまとめていった。短冊は、①募金や炊き出しなど個人が行ったこと、②救助や仮

設住宅の建設など市や県が行ったこと、③有名人が来たことや、④被災した方への応援メッセージなどの心の支援などの四つの項目に整理していった（写真10-1、10-2）。児童が書いた短冊は、以下のとおりである。

- 個人×ものの支援
  「食料の提供」「炊き出し」「募金活動」「情報」「明かり」
- 個人×心の支援
  「歌」「笑顔」「メッセージ」「千羽つる」「希望」「絆」「歌手や芸能人が来た」「被災地で見つかった写真を持ち主に渡した」
- 市・県・国×ものの支援
  「仮設住宅」「がれきの撤去」「行方不明者の捜索」「自衛隊による食料や毛布の配給」「救助活動」「復興プロジェクト」「支援物資」
- 市・県・国×心の支援
  「心に傷を負った人のケア」「復興のPR」

写真10-1　話し合いの様子

写真10-2　短冊の整理

　児童は短冊を整理していくことで、がれきの撤去など、個人ではできない大規模な復旧活動には仙台市や県、外国も関わっていることに気付き、そこから「外国や自衛隊への救助要請はだれがするのだろうか」「集まった支援物資はどうやって一人ひとりに届くのだろうか」「仙台市は実際にどんなことをしたのだろうか」など、たくさんの疑問をもった。これらの疑問をもとに、仙台市は復旧に向け、どのような取組をしたのだろうかと第2時につなげていった。
　第2時では、仙台市のホームページや新聞記事を活用し、仙台市が実際に行った復旧・復興政策について調べた。児童は、対策本部が置かれたことや、

宮城県や国とも協力し合っていることなどに気付くことができた。また、児童はホームページの写真から、ライフラインの復旧のために、全国から支援に来ていたことを思い出していた。調べ学習を通して、被災した人々の思いや願いを市が聞き入れ実現するまでには、どんな方法や手順で進められていくのか考えさせた。

　第3時では、第1時で書いた短冊から「仮設住宅が欲しい」という住民の願いを取り上げ、その願いが実現するまでの流れや手順を調べた（写真10-3）。児童は、願いを実現するためには計画だけではなく、お金が必要であることに気づき、「お金はどこから出るのか」という疑問を持ち、税金や国会の仕事へと学習を進めていった。以上のように、導入で震災からの復旧・復興を取り上げ、政治の学習を進めていった。児童の身近な出来事でもあったため、関心も高く、どの児童も真剣に学習に取り組んでいた。

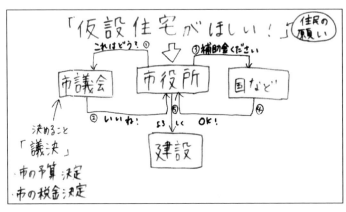

写真10-3　児童のまとめより

　また、税金や国会についての学習も、自分から調べたいという思いをもって進めることができた。自分たちの体験をもとに政治の仕組みを学習していったことで、児童の政治に対する「知りたい」「調べたい」という思いを高めることができた。このような活動を通して、児童は政治をより身近なものとして捉えるようになってきた。

2-2　模擬体験（模擬議会）を通して思考・判断力を深める（いかす段階）

　学習を深め広げる段階では、蒲生地区の復興と防災を取り上げ、被災者や行政側の立場という視点に立って模擬議会をさせることによって、実感を伴ったより切実な問題として、児童に深く思考させたいと考えた。基礎的な知識の定着を図るだけではなく、防災に対する意識も深められるよう、議会のテーマを「総合的な学習の時間」で訪れた場所である「蒲生地区の復興政策を考えよう」に設定した。また、児童共通の体験である被災地訪問をテーマにしているので、自分たちの問題として話し合いやすいと考えた。模擬議会では以下のような取組を行った。

　①児童それぞれに、行政側は市長や教育長、復興担当、町づくり担当、地域住民側として町内会長、PTA代表、店主などの役割を与えた。
　②行政側と市議会側とに分かれ、蒲生地区の復興政策を話し合わせた。
　③実際に見てきた蒲生地区の復興について考えさせた。

　まず、模擬議会を行う前に、児童を行政側と地域住民側とに分け、それぞれの立場を設定した。これもより具体的な復興政策を考えられるだけではなく、人々のふるさとに対する思いや避難生活の不満や不安にも気付かせたいと思い、設定を考えた。

　役割ごとに2～3人ずつを割り振り、議会当日に向けて、自分たちの立場から蒲生地区の復興政策を考え、まとめておくように指示した。また、その提案理由、予想される反対意見、反対されたときの代案も考えさせた。児童は、休み時間を利用しグループになって話し合い、議会に備えていた。「総合的な学習の時間」での体験がここでも生きており、より真剣に復興政策について考えていたようだった。また、実際に目にした地域、住民から話を聞いてきた地域であったことから、復興政策の内容も具体的なものであった。

　行政側からは、住民の命を守りたいという思いや実際の被災状況から、
　　（ア）海岸から2km以内は立ち入り禁止
　　（イ）9mの堤防を作る
　　（ウ）海が見えるように展望台を作る
ことを条件に、居住地域の移動が提案された。今まで海沿いで暮らしていたこと、海に関わる職業に就いている人が多いことから、海の近くで生活してほしいが、また同じような災害が起こる可能性もある。行政側としては、住民の思

いに応えたいが、命を守ることを第一に考えた結果の提案であった。仙台市職員から聞いた仙台市の復興政策や、それに対する思いなどを参考にしていたようだ。

一方の地域住民側は、
「もとの店で働きたい」
「このまま故郷を失いたくない」
「生まれ育ったまちだから、思い出を消したくない」
「堤防をつくり、安全なもとのまちにしてほしい」
「もとの場所に住みたい」

と反論した。実際に見たり聞いたりしてきた場所の復興政策を考えたので、具体的な提案がなされていたと思う。

議会では、「立ち入り禁止区域に住めないならば公園を作ったらどうか（住民側）」「震災や故郷を忘れないように記念館を作ったらどうか（行政側）」「新しいまちにするなら、コミュニティセンターを作り、みんなが集まれるようにしたらどうか（住民側）」などと、お互いに少しずつ歩み寄りながら修正案を考えていった。お互いが納得する案になるまで議論に時間がかかったが、最終的には、「①2km離れた場所に、もとのまちと同じようなまちを作る。②新しいまちには、住民が集まるコミュニティセンターや、海が見えるような展望台を作る。③思い出記念館を作る」という復興政策にまとめていった（写真10-4）。

前述したとおり、行政側、地域住民側両者の復興政策に対する考えを聞いたことで、本テーマを自分たち自身の問題として捉え、議会を通して、被災された人々の気持ちになって考えることができたのではないだろうか。また、議会の仕組み、政治の仕組みについても思考を深めるとともに、模擬体験をしたことで、政治をより身近なものとして感じていたようである（写真10-5）。

この議会を行った後、「テレビや新聞に蒲生地区のことが載る」と学級の話題になったり、日直のスピーチで取り上げられたりと、児童は実際の復興の様子にも関心を持ち続けていた。政治の仕組みの理解を深めるために行った模擬議会であったが、復興について自分たち自身の問題として真剣に考えるだけではなく、被災地に暮らす人々のふるさとに対する思いに寄り添うことができたと思う。

写真 10-4　模擬議会の様子

○政治の学習を通して考えたこと，思ったことを書きましょう。

> 私は，政治について考えた事が一度もありませんでした。でもこの模擬議会を通して前よりかんしんを持つ事ができました。県議会の事もてきとうにやっていると思っていました。しかし議会のイメージが180°かわりました。議会はわたしたちのくらしを考え国の予算や復興の事を話し合っている事が分かりました。この模擬議会やってよかったなと思いました。

写真 10-5　児童の感想より

2-3　「震災」を今後に生かすための振り返り

本単元の振り返りでは、児童は、「自分たちのくらしは政治が関係していること」「選挙に参加すること」「自分たちも積極的に政治に参加していくことが未来につながる」といった考えをもつことができた。自分たちの体験をもとに

学習を進めてきたので、政治に対する関心を高くもったまま学習を進めることができた。また、「総合的な学習の時間」に行った被災地訪問によって、自分たちと同じ6年生との交流をもとに復興についても考えてきた。震災後の仙台市では、人々が助け合って復興に取り組んでいることを知ることができた。そして「震災で学んだことを忘れないで未来に生かしていきたい（児童の感想より）」という思いをもった。この思いが仙台市の全小中学校で取り組んでいる復興プロジェクトにも繋がっている。

おわりに

　本実践の成果は、児童が、政治と自分たちの生活の関わりについて理解を深めることができたこと、また復興に関連して自分たちの生き方を見つめ直すことができたことである。その中で、児童の震災との向き合い方に対する意識の高まりを感じた。ただし、社会科の時間だけで今回のような防災学習を取り入れた学習を行うことは困難である。本実践でも、単元のねらいに沿って震災と復興の取り上げ方に難しさを感じた。今後は、他教科との関連も含め、社会科のねらいと限界を押さえながら防災教育を取り入れた学習内容の展開の仕方を考えていきたい。

【参考文献】
北俊夫ほか『新編　新しい社会6下』東京書籍、2015
仙台市教育委員会『平成25年度版仙台市新防災教育副読本　3.11から未来へ』編集仙台市教育センター、2013
仙台市小学校長会ほか『明日の子どもたちのために――教育復興実践事例集第3集』宮城教育大学教育復興支援センター、pp.7-8、2015
文部科学省『小学校学習指導要領解説社会科編』東洋館出版社、2008
吉田剛「防災に関わる社会科の行方」『教育科学　社会科教育』(No.683)、明治図書、pp.114-115、2016

第Ⅴ部

被災地における
社会科学習の課題

第 11 章

岩手県の被災地における学校の震災対応と災害学習

山崎憲治

はじめに

　本稿は二つの課題を持っている。第一の課題は、岩手県沿岸部の学校が受けた津波災害の実態と、学校管理下での犠牲者ゼロを導いた避難の具体像を示した。そこには地域の特色を把握する学びがあるとともに、避難時に生徒が生んだ災害文化の新たな面も論じた。

　第二の課題として、本格的復興期において被災地の学校で復興に向けどのような学習活動が展開しているか、宮古市田老第一中学校が展開している「連携」に焦点を当てて論じた。復興を図るうえで、「連携」が創る災害学習の可能性を確認し、それが災害文化を構成する大きな柱になるとともに、災害文化の醸成と他地域への伝播が、「災害多発国日本」のレジリアンス（Resilience）実現に向けて不可欠の課題であることを示すことを試みた。

1. 岩手県沿岸部の学校立地と津波の実際

　岩手県三陸海岸沿岸部の小・中学校の立地と被災状況を検討してみよう。この地域は津波に過去いくども襲われている地域である。津波への畏れとして「津波てんでんこ」という避難の災害文化をもつ地域である。命を守ることは、実現されねばならない第一の課題である。学習の場が日常生活する地域とかけ離れては、地域に学ぶという大きな課題に向きあうことが難しくなる。海と関わりをもつことが基本にある地域では、海とかけ離れた場所での教育は、地域の教育から遠ざかることにもなりかねない。一方で、海は巨大な破壊力をもっ

て、学校を襲うことも起こりうる。岩手県の沿岸部の小・中学校では、東日本大震災の津波に対して、学校管理下の児童・生徒は一人の犠牲者も生まなかった。厳しい状況の中で、最後まで希望を失わず津波に対応した成果だと言える。そこで、岩手県沿岸部の小・中学校を、標高と渚線からの距離を指標に分類し、東日本大震災の津波被災状況を検討することにした。

東日本大震災の岩手県を襲った津波は、最大の遡上標高は綾里南側湾口で40.032m[1]、内陸部への進入は陸前高田の気仙川の河川津波遡上で河口から5km[2]まで追える。海抜高度40m以下、渚線から5km以内という数値をともに満たす地域を「津波危険地域」と仮定し、その範囲にある小・中学校を地形図から割り出し、実際の被害と対応させたものが表11-1である。

津波危険地帯に立地する学校総数は85校、このうち32校が何らかの津波被害をうけている。校舎が水没した学校8校、校舎内に津波が侵入した学校17校、校庭への津波侵入6校である。大船渡にある越喜来小学校（旧校舎）では、校舎内に突入した津波は2階の体育館の屋根を突き破って校舎外に飛び出している。釜石の鵜住居小学校（旧校舎）では、校舎3階に流された車がひっかかる状況が生まれている。大船渡の赤碕小学校（旧校舎）では校舎2階に流された船が突入している。いずれも避難は時間との勝負であった。学校は運動場が不可欠であり、平坦地を確保しやすい沖積低地に立地することが少なくない。河口の港から1,900m以上離れた「内陸部」にある久慈市長内小学校も浸水している。津波が河川を一気に上り、浸水域を広げている。

標高10m未満に立地する学校は38校ある。そのうち25校が被災している。校舎が水没した8校は、いずれも10m未満の標高の土地にあった。渚線からの距離は必ずしも安全の担保にならない。水没した学校で最も渚線から離れたものは750mもある。

標高10mを超える土地に立地した学校においても、校舎が浸水する事例が見られる。陸前高田の小友小学校は渚線から1,700m余りの内陸部にあるが、東西双方向から津波が押し寄せている。標高が20mを超える土地に立地する学校は28校あるが、今回の津波では被災していない。学校立地での津波対応には、上記の事例から高さの確保が極めて有効であることが分かる。

表 11-1　岩手県沿岸部の津波危険地帯にある小中学校の被害状況

		0～100m未満	100～300m未満	0～300m未満小計	300～500m未満	500～1000m未満	300～1000m未満小計	1000～2000m未満	2000～5000m未満	計
10m未満	学校数	4	6	10	4	13	17	6	5	38
	水没	2	3	5	2	1	3	0	0	8
	校舎浸水	1	3	4	0	5	5	2	0	11
	校庭浸水	1	0	1	0	4	4	1	0	6
	被害なし	0	0	0	2	3	5	3	5	13
10－20m未満	学校数	2	3	5	3	4	7	3	4	19
	水没	0	0	0	0	0	0	0	0	0
	校舎浸水	1	2	3	1	1	2	1	0	6
	校庭浸水	0	0	0	0	0	0	0	0	0
	被害なし	1	1	1	2	3	5	2	4	13
20－40m未満	学校数	0	5	5	8	7	15	3	5	28
	水没	0	0	0	0	0	0	0	0	0
	校舎浸水	0	0	0	0	0	0	0	0	0
	校庭浸水	0	0	0	0	0	0	0	0	0
	被害なし	0	5	5	8	7	15	3	5	28
計	学校数	6	14	20	15	24	39	12	14	85
	水没	2	3	5	2	1	3	0	0	8
	校舎浸水	2	5	7	1	6	7	3	0	17
	校庭浸水	1	0	1	0	4	4	1	0	6
	被害なし	1	6	7	12	13	25	8	14	54

津波危険地帯とは標高40m未満（大船渡40.03m遡上）、海岸から5km（高田気仙川流域遡上5km）の二条件をともに満たす位置にある学校を対象とした。（筆者作成）

2. 避難の実際とその背景

　多くの学校では、地震がおさまると、教員は生徒を集め、集団での行動を指示する。一方で、生徒が先行する事例も生まれた。釜石市東中学校では、生徒が高台に向けて率先避難している。その姿を、隣接の鵜住居小学校の最上階に避難した教師や小学生が見て後を追っている。避難場所の広場での崩壊を見て、高齢者の意見を聞いて、さらなる高台に向けて隊列をつくった避難行動を取っている。片田（2012）[3]が示した、率先避難、できることを最大限行う、

想定にとらわれないという3点を展開し成果を上げている。その基盤には「津波てんでんこ」という災害文化が活かされている。

　大船渡越喜来小学校では、地震が収まるとこの地域出身の校長が津波来襲を想定し、停電のなか、最大限の声を上げて避難指示を出している。この年の1月に完成した校舎から直接国道に出る避難橋（平田橋）⁽⁴⁾が、極めて有効に活用されている。3学年から6学年の児童がこの避難橋をわたり、1年2年生が通常の通用口から避難している。避難隊列は先頭に副校長、5年、4年、3年、2年、1年、しんがりに6年の順序で、各担任がそれぞれの学年に付き、最後尾を校長がすすむ体制である。この隊列で、三陸鉄道の駅前で小休止、さらなる上手の神社に避難し、安全確保を図っている。

　大船渡蛸の浦小学校は標高27mの台地上に立地する。地震の後、校長は津波が襲うことを想定して、学校に児童を留める避難を選択する。地震直後、多くの父母が、児童の引取りを求めて学校に集まってくる。児童を父母に引き渡せば、海抜ゼロメートルに近い道を通って、自宅に帰ることになる。引渡しは、児童と父母を危険に晒す。校長は玄関先で、児童を引き渡さない、父母もこの学校に止まり、安全を確保することが最も重要な選択であることを説くことになる。当初反発を持った父母も、校長の強く熱心に主張する意見に従い、学校に留まった。その直後、津波が学校の麓にある街を襲う。

　宮古市田老第一中学校では、卒業式の予行が体育館で実施されている最中に地震が発生した。揺れが収まると同時に、校長は校庭への避難を指示する。この学校が立地する場所は1933年の津波で浸水しなかった。市がこの学校を二次避難場所として指定した要因だった。この地域出身の主事が、津波を警戒し、防浪堤の警戒を怠らなかった。主事が突然、「津波だ！　逃げろ！」と大声を張り上げる。生徒は一目散に、背後の山に向かって走り始める。ところが、校庭には田老保育所の園児30名と職員、診療所に来診していた高齢者10名が避難していた。「この子たちも連れて行って」と叫ぶ保育園職員の声に、中学生は直ちに反応、これらの園児・高齢者を伴って山に走る。最初の防浪堤に当たった高波は津波の第一波だった。防浪堤を津波が越えるまで、6分あまりの時間が、生徒と園児、高齢者を背後の山に登る時間を確保した。津波は町の中心部にある家屋を破壊し、生じた瓦礫を伴って学校に押し寄せ、校庭を瓦礫の山にして山裾で止まった。田老一中の生徒、教職員、保育園児、高齢者は

津波に飲み込まれる寸前で全員が山に登りきっている。

　生徒は「津波てんでんこ」から「命てんでんこ」(5)に避難を転換させた。保育園児や高齢者を救うこと、救わねば自分たちもこれから活きていくことが難しくなる。自分の命を守り、他者の命を守ることの同時展開がなされ、全員が生を得ている。それは危機に直面する中から新たな災害文化が生まれる契機となった。

　以上挙げた四つの事例に共通することは何か。肝心なことは学校の立地する地域の環境を認識し、それを避難行動に結び付けているかである。そのうえで、地域の支援者からの情報の提供や、学校への地域住民の信頼が避難への道を切り開くことになる。マニアルにそった避難行動が常に可能で、最善であるとは限らない。学校が立地する地域の特性を現場で知ることが出発点だ。教員が同僚教員や生徒とともに地域を歩き、教材開発につなげる。生徒研究と地域研究は、学習を展開するうえでの両輪となる。特に災害に直面する状況では、一瞬、一瞬の判断が問われていく。判断が早ければ早いほど、安全確保の選択は広くなる。地域の自然、災害の歴史、危険箇所の認識、最悪の事態の想定があらかじめなされているか、その情報が頭の中にあるか否かは、危機を回避するうえで決定的に重要である。

3. 連携が作る災害学習と復興

　田老第一中学校で、「命てんでんこ」が実践された。この緊張ある体験は、生徒を一気に成長させた。次の学年がこれを受け継ぐことで、学校の伝統と誇りが創られ、新たな可能性に繋げていく。体験が継承され、学習が生まれ、それが地域の防災・減災に開花できる環境が創られていく。本格的復興期にあって、多様に展開する連携は復興への道を示すものである。

　田老一中の連携は図11-1に示すように、五つの展開面を持っている。①田老という地域との連携、②県教委が音頭をとった内陸部の中学校との横軸連携、③修学旅行を利用した首都圏の中学校との連携、④岩手大学との連携、⑤未来や次の世代への連携、を上げることができる。

　①田老地域との連携：田老は被災後急速な人口減少に悩んでいる。生徒数も120名から90名規模の学校になりつつある。しかし、田老の住民はこの

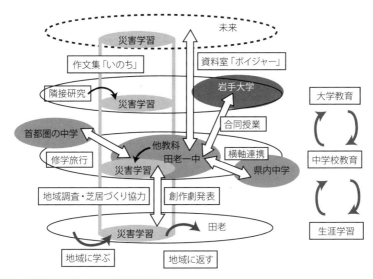

図11-1 連携から生まれる災害学習

学校の卒業生であり、この環境が住民との連携の中軸を形成する。田老を舞台とした創作劇は学校と地域を積極的に結び付ける。この演劇は生徒が在籍する3年間で一巡する大きな構成をもつものである。1年目は1933年の津波災害、2年目は東日本大震災、3年目は10年後の私たちの町を舞台にしている。一巡する過程で、田老の未来宣言が劇中で行われ、その内容が大きな額となり、体育館の正面の壁に掲げられている。この演劇活動はすでに二巡目に入り、公開日（10月学習発表会）の体育館は朝から地域住民の席取りが行われるほど盛況になっている。いずれの芝居も全員参加で、生徒会長が主演を演じることが多い。脚本は夏休みから生徒自身が手掛け、時代考証には古い卒業生が関わる。また、2年前からは方言「田老弁」も使われている。演劇指導は盛岡の演劇集団が田老まで出かけて指導している。

②横軸連携：県教委が設定する、沿岸部の中学校と内陸部の中学校の相互訪問による交流・連携の実施。この交流で、田老一中は、田老の被災と復興の状況さらには特色ある自然環境等をパワーポイントで相手校生徒に示し、相手校に合わせて演劇や合唱を公表することで連携を図っている。地

域調査は地元の子どもの有利さを発揮し、インタビューを受けた町民が生徒の質問に丁寧に回答している。この交流は主に２学年の生徒を中心に進めている。

③修学旅行を利用した首都圏の中学校との連携：修学旅行は首都圏を対象地域にし、３年生の４月に実施している。この企画の当初の形態は、宿泊するホテルの会議室やロビーに、在京卒業生や交流する複数の首都圏の中学校の代表生（主に生徒会の役員）に集ってもらい、「田老を語る会」と「生徒交流」として実施された。しかし、４年前からは、交流する学校の体育館に一中の３年生が全員で出向き、田老を語り、防災・復興を示す会になっている。横軸連携で２年時に実施した田老の調査研究発表が、３年次の修学旅行時のこの企画で活きている。田老を調査対象にした地域研究、津波災害のプレゼンテーションが実施されるが、体育館に集まる大人数を前にした発表では毎回、相手校の生徒の関心を引いている。首都圏の学校は田老一中と比較していずれも数倍の規模をもつ。発表後はグループ討論になるが、各グループに田老の生徒が２から３名ということも少なくない。首都圏の生徒は 10 名以上、東北の子どもは話せないのではと心配も少なくなかった。しかし、話題が地域や津波、防災、安全の実現だから、地域の実情をよく調べている田老の生徒の発言内容に、首都圏の学校の生徒が関心を寄せ、グループ討論では田老の生徒の活躍に、連携相手校の生徒が学ぶことが多い。

④岩手大学との連携：大学生と中学生が同じ教材でともに学ぶ。連携の歴史から見ると、この連携がもっとも早くから始まっている。岩手大学の「津波の実際から防災を考える」という科目は、「現地に学ぶ」ことを方法と課題に 2008 年から始めているが、津波発生の１年前の 2010 年からは田老一中との合同授業に転じている。大学生にとって、中学生の体験と地域にかかわる姿勢は、驚きと同時に学びの対象になっている。中学生にとっては、大学生の課題接近の手法やまとめ作業でのアドバイスは、広い視野から地域を知り、災害を位置付けるうえで助けとなる。津波は地域がかかえる厳しい課題であること、その克服への道を探ることが、地域に生きることだという中学生がもつ学習成果に大学生がドキとする場面が生まれている。表 11-2 は 2008 年以降実施した合同授業をまとめたものである。

表 11-2　岩手大学・田老一中合同授業一覧

年次	合同授業	合同授業のテーマ	講演者
2008	現地実習	津波と防災　田老の防災	山崎正幸
2009	現地実習	津波紙芝居	田畑ヨシ
2010	○	津波紙芝居・1933年津波の聞き取り	田畑ヨシ、牧野アイ
2011	○	田老第三小学校で、紙芝居津波、被災地の教員がすること・できること	田畑ヨシ、荒谷栄子
2012	○	津波のメカニズムと防災	堺茂樹
2013	○	街づくりに若者が必要だ	黍原豊
2014	○	姉吉の碑　韻文と散文でつくられた碑、自分の碑を創ろう	田中成行
2015	○	防浪堤づくりに奔走した村長関口松太郎について	梶原亨治郎
2016	○	方言の豊かさ　方言を使った1933年津波の学校劇に向けて	大野眞男
2017	○	災害に対して地域の学校が果たす役割	相模貞一

○は現地集合と合同授業実施　　　　　　　　　　　　　　　（筆者作成）

　授業の展開は、まず、全体講演を聴き、その後15人程度の少人数に分かれ、全体講演で示された幾つかのトピックについてワークショップ形式で意見を出し合い、それをまとめたものをグループの代表が全校生徒の前で発表する。大学生はワークショップの進行、補助を受けもつ。

　この合同授業を小学校で実施したことがある。2011年である。9月の段階でも、被災した田老一中は、田老第一小学校に避難しており、合同授業を実施することは難しかった。そのため、この授業を田老第三小学校で実施した。小学校との合同授業である。田畑ヨシ氏は、田老第三小に来てくれ、「紙芝居つなみ」を実演してくれた[6]。大学生は、津波を体験した小学生が紙芝居に学ぶ姿や感動するありさまを見て、そこから災害学習の意義を改めて実感する機会となった。2012年の合同授業では当時の岩手大学工学部長の堺茂樹氏が津波のメカニズムと防災のあり方を講義した。津波を基礎から学びたいという中学側の要望にこたえたものだった。

　姉吉の碑はローカル・ノリッジとして有名である。碑に示された教えを守った姉吉集落は、東日本大震災時40mを超える津波遡上を経験するが、集落内への津波の侵入を許さず、家屋被害はゼロであった。この碑を教材

に田中成行氏（講義時東京学芸大学附属小金井中学校教諭）にこの碑を教材に韻文と散文の講義を求めた。講義後、田中氏は田老の生徒に向かい「地域にかかわる碑を自分なりに作ってみよう」と課題を提示し、添削を続け、その作品が石碑となり、校庭の入口に敷設された。田中の講義を契機に、学芸大学附属小金井中学と田老一中との連携がつくられ、この連携は現在も続いている。

　1933年の大津波で911名の犠牲を生んだ田老が、海とともに復興に生きると決心し、翌年から防浪堤の建設をはじめ、1966年に堤防は一応の完成をみる。この堤防とともに区画整理事業を実施し、すべての住民が緊急時には素早く高台に上れる避難路を200カ所以上も用意した。これらの事業を始めた村長、関口松太郎の人物像と町づくりを田老漁協参与の梶原亨治郎が講演した。演劇のリアリティを引き出すうえで、また田老の文化を語るうえで方言のもつ価値に注目すべきという問題提起を岩手大学の大野眞男が行った。その応用として「田老弁」が飛び交う脚本が生徒の手で作られていく。

⑤未来や次の世代への連携：津波資料室「ボイジャー」と作文集『いのち』。田老一中に入学した生徒全員が「ボイジャー」で津波学習をする。講師は被災時「津波だ！　逃げろ！」と大声を張り上げた主事。写真や資料一つ一つに丁寧な解説がなされていく。教職員の異動が進み、この学校で3.11を経験した教職員は、この主事だけになっている。田老一中が3.11で直面した危機をどう乗り越えて今日を作ってきたのか、リアリティに富む講義が展開する。田老一中の校歌、校章いずれにも「津波」とそれを克服してきた歴史が込められている。正面の壁には校長室で津波にのまれた校旗が掲げられている。デブリが校庭を覆い、校舎が浸水している写真、ボランティア活動に汗を流す中学生、復興に向けて中学生そして卒業生が地域をどう作ろうとしているかを示す写真。3.11の田老一中は、「たまたま逃げられた」のではなく、逃げることができる事前の学習や環境つくりがあること、それをさらに強く確実なものにしていくことを、新入生が認識できるよう学習は展開していく。

　3.11時、田老一中に在籍していた生徒すべての作文が『いのち』[7]に載っている。昭和の大津波で一家全員を失い、一人生き残った牧野アイ氏が作文を

書くことで、自らの未来を切り開く契機になった事実は[(8)]、今回の津波でも活きた実践を導いた。書き、文章にすることで、未来に自分をつなぐことができ、それをまとめて「本」にすることで次世代に引き継ぐことが可能となる。一生に一度の体験に違いない。しかし、それを全員の力で乗り越えた、一人の落伍者もなく生をつないだことは、学校への信頼や未来への可能性を確実なものにする。次の世代に形あるものとして、到達点を示し、目標を確かなものにすることができる点でも、優れた教育実践の成果と考えられる。

4. 災害学習は災害文化を生み、復興につなぐ大きな力となる

　災害学習においてコア教科を設け、他の教科がこの学習に課題や内容、方法において相互に連携・支援を展開することが肝腎だ。課題に対する多様なアプローチが可能だし、教科間のリンクも必要だ。災害は地域の課題が顕在化するから、地域の特徴を知ることが、不可避の学習課題になる。同時に学習者の発達段階に対応した教材の開発が必要とされる。被災した地域の子どもにとって、その体験を活かす教材は多くある。被災経験のない地域の学習者が、被災地域から、学習者との交流を通して学ぶことは、新たな学習の創出につながる。

　災害学習は、小学校から大学、生涯学習の中で恒に学びうるものと位置づけられる。地域の中から生活を介して学ぶ内容が、学習者の発達に応じて深化が図られるとともに、成果を地域に返していく構造をもつものである。同時に、他地域との比較、視野の拡大と社会全体、あるいは地球規模からの位置づけも必要になる。他教科が取り扱う学習課題や他の専門分野との関連も欠かせないから、総合性と同時に新しい学習・学問のあり方を問う側面も有する。この役割を社会科が担う積極的取り組みが問われている。被災から7年、「本格的復興」が掛け声倒れに終わる恐れが生まれている。このような状況の中で、災害学習は復興を実現する、もう一つの道を開く可能性をもつ。

おわりに

　本稿の記載は、3.11岩手県の小中学校の学校管理下にあった児童生徒の犠

性は生まれなかったという事実からはじまった。この事実は、高く評価すべきだし、未来につなげることが今日問われている。次いで、ゼロの背景を被災学校の避難のあり方で論じた。共通項は、それぞれの学校が地域を知り、地域の特性をあらかじめおさえており、その内容を生徒とともに日ごろの教育実践の中で生かす努力を続けていたことをあげることができる。避難の現場で新たな津波災害文化の萌芽が生まれたことも注目すべきことである。本格的復興を展開するうえで、田老一中が進めている、地域や他の学校との連携の具体例を示した。被災した学校田老一中を中心においた減災のネットワークつくりである。子どもの学習を中核に据え、多様な方向で広げる実践は、地域の安全を作るうえで大きな可能性をもっている。

　災害文化を育てる中に、災害学習を位置づけ、生涯にわたってこの学習と関わり、成長させることが、課題になる。災害とは地域が有する課題の顕れであるから、地域を知る中に、減災に向けた実践のヒントが示されている。空間的、歴史的、経済的、社会的課題としての地域課題を明らかにできるのか。社会科に突きつけられた学習課題は大きいし、その実践が問われている。学校の小さな問題に閉じ込めるのではなく、社会の大きな問題を開く鍵に位置づける必要がある。災害多発国ニッポンを克服するうえで、災害文化を育てることは、世界への発信にも繋がるし、地域の成長も期待できる。

《注》
(1) 東北地方太平洋沖津波合同調査グループ「東北太平洋沖地震津波に関する合同現地調査の報告」『津波工学論文集』第28号、2011
(2) 原口強・岩松暉『津波詳細地図』から筆者が算出、2011
(3) 片田敏孝『人が死なない防災』集英社新書、pp. 60-77、2012
(4) 平田橋とは、大船渡市議会議員の名前からつけられた。2010年12月の大船渡市議会で平田武議員は、越喜来小学校生徒や教職員に国道に直接避難できる避難橋の設置を要求。市議会もこの提案を了承、直ちに橋設置工事が行われ、2011年1月に竣工。2月にはこの橋を使った避難訓練が実施されている。平田議員はこの橋の完成直後に、病死されている。
(5) 「津波てんでんこ」は、何はさておき、自分の命を守るべく避難する行動を意味し、1896年の明治の大津波から生まれている。筆者が「命てんでんこ」と云う言葉を最初に聞いたのは、2006年田畑ヨシの津波紙芝居の講演であった。命を守りあうことが、命を

つなぐことになるという、自助、共助が相互にかかわる言葉であった。

(6) 田畑ヨシ著、山崎友子監修『おばちゃんの紙芝居つなみ』産経新聞出版、2011
(7) 岩手大学地域防災センター『いのち　宮古市立田老第一中学校　津波体験作文集』、2015
(8) 吉村昭『三陸海岸大津波』（中公文庫、1984）に、尋常小学校6年生の牧野アイの作文「津波」が転載されている。

第12章

宮城県の津波被災地における中学校社会科の課題

宮本靜子

はじめに

　飛行機に乗って、上空から地形をこの目で確かめるのは楽しい。さらに、そこに住む人々の息づかいが伝わってくることの不思議さは、例えようもない。次に目にするのは、地域に浮かぶ船のように見える学校である。地域の中心に、誇らしく建っている。その地域と学校を、根こそぎ奪ってしまったのが、2011年3月11日に起こった東日本大震災である。勤務していた名取市立閖上(ゆり)中学校は、海岸から約1kmのところに位置していた。卒業式を終え、謝恩会の会場で卒業生たちと和やかに過ごしていたところに巨大地震が発生した。会場は混乱し、自宅が心配な生徒たちは、自宅に戻ってしまった。一級河川の名取川河口に位置する閖上(あげ)は、高台などない平坦な地形である。災害が起こったとき主な避難所は、小・中学校となっていた。謝恩会場から学校に戻り、続々と避難してきた約800名を超える地域の人々の誘導に当たった。そして巨大地震から約一時間後、映画でしか見たことがない光景に息をのんだ。津波の襲来である。中学校の一階は水没。地域は壊滅的な被害に見舞われ、謝恩会場にいた卒業生を含む14名もの生徒が犠牲となった（写真12-1）。

　あれから7年。1000年に一度といわれたあの震災から、私たちは、何を学んだのか。未来の担い手となる子どもたちは、地域の復興について何を思いどう行動したのか。教育現場にいる一人として、伝えなければならないことを残す必要がある。本稿では、あのとき学校はどう動いたのか、被災校での社会科学習はどうなされたのか、記録にとどめたいという思いで述べていきたい。

写真 12-1
津波襲来後の校舎の様子

1. 学校の状況

1-1 地震発生から翌日にかけて

地震発生から翌日にかけての教職員の対応は、およそ以下の通りである。
- 避難者の誘導（地震発生時から深夜まで）
- 市役所との連絡調整による避難所運営
- 避難者の掌握　教室ごとの人数の掌握と名簿作成（氏名・地区名）
- 健康観察　各教室の見回り
- 翌日早朝より、さらに避難者の受け入れ（特養ホームからの患者など）
- 次の避難所への移動計画作成　バスによるピストン輸送（翌日午後4時頃～夜にかけてすべての避難者を輸送）

なお、震災4年後に6人の教員に「当日はどのような状況だったか」と改めて聞いたところ、次の内容であった。
- 水の確保のために、あるだけのポットに水道の水を入れた。
- 地域住民が続々と避難し誘導に当たった。水の中を避難してきた人は冷たくなっていた。低体温を防ぐため体を温めたり、教員のロッカーにあったジャージや教室の給食着、部活のユニフォーム、さらには、カーテンを切り裂き衣服にして提供したりしたが、圧倒的に足りなかった。
- 夜、真っ暗な中、各教室を見回り、声をかけた。100名あまりの人がいる教室もあった。皆、無言でじっとラジオを聞いていた。

- トイレの水も出ず、簡易式トイレの数も少なく大変な状況だった。
- 職員室の椅子に座り円を作って真ん中に毛布代わりの膝掛けをかけて仮眠しながら、夜通し水の中を避難してくる人たちの対応に当たった。
- 家族と連絡も取れず不安だったが、避難者への対応に無我夢中だった。
- 避難してきた人たちの命を守るため、教室一つひとつを回り、けが人や体調不良者への対応や救命処置を行った。
- 赤ちゃんには、理科室のアルコールランプで温めたミルクを提供した。
- 黒板にアルミ箔を貼り、暗い中でも懐中電灯を当てて明るくなるように工夫した。

ここから、教員が混乱と不安の中、必死で対応に当たったことが分かる。

1-2　学校の再開まで

　校舎が被災したため、市役所の6階の会議室を区切り、閖上小学校と閖上中学校の職員室とした。最も優先して取り組んだことは、生徒の安否確認である。実際生徒の顔を見て確認するため、二人一組になって各避難所を回り、どの避難所に誰がいるのか掌握した。教員の車はすべて津波で流出したため、徒歩や実家から借りてきた車等で移動した。春休みに入ったところで、避難所ごとに学習会を二回程度実施し、生徒の状況を把握した。

　また、自分自身は3年生担当として、高校入試の結果をそれぞれに伝え、入学に必要な書類の受け取りをどうするのかなど確認した。高校側には、避難所にいる生徒は移動手段がないこと、教員も車が流出していることを伝えると、多くの高校は必要書類を臨時職員室に届けてくれた。家族を失い一人になってしまった生徒は、親戚がいる県外の高校への入学手続きも行った。

　3月29日に、被災しなかった市内の小学校の体育館で、閖上小学校の卒業式と閖上中学校の修了式を行った。ほとんどの生徒が、避難所から臨時のスクールバスで集まってきた。この日が、生徒たちにとっては、久しぶりの再会である。「生きてたんだ！」「そっちこそ！」と、互いの無事を喜ぶと同時に、14名の仲間たちの安否がわからないことを伝えると、真剣な表情で聞いていた。この日が、学校再開の第一歩だったと考える。市内の小学校を間借りして学校が再開することが決まると、被災した校舎に行って備品を確認し、使用可能な限り机・椅子などの運搬を行うなどの準備に当たった。この作業

には、市内の教職員が協力してくれた。そして、4月22日始業式、23日に入学式が行われた。生徒や保護者は、制服や晴れ着を準備できる状況ではなかった。私たち教職員の服装はどう考えればよいか、と校長に確認したところ、「生徒や保護者にとっては、大切な式である。せめて、私たちはきちんとした服装で迎えよう」との言葉に、ほっとしたのを覚えている。一日入学もできず、礼法などの練習も全くできなかったが、新入生たちは大変立派だった。全員私服（支援物資のトレーナーなど）だったが、晴れがましく入場した。誓いの言葉を述べるなど代表生徒は、避難所である体育館の一角で練習し臨んだが、その様子を見ている大人たちの表情が忘れられない。「何の練習？ 入学式？」「学校が始まるんだね」と本当に嬉しそうであった。

1-3　2011年度の学校のおもな状況

新年度となった2011年度の教育活動の状況は以下の通りである。

4月	間借りする小学校へ物品搬入　スクールバス運行計画作成 生徒たちは仮設住宅へ移動始める 4/22 始業式　4/23 入学式 給食開始　支援物資が届き始める
5月	中旬に部活動再開　下旬に流失分の教科書支給
6月	上旬に制服支給　市中総体に参加
7月	宮城教育大学の学生ボランティアによる学習支援
9月	文化祭実施　3年生修学旅行実施　教室は自習室とする

学校行事は、これまで通りに実施することを心がけた。そのことが、生徒の心のケアや自信につながると考えたからである。1年生のほとんどの生徒が、作文に「一学期一番心に残ったことは、入学式をしてもらえたことです」と書いている。3年生は、全員でNHK合唱コンクールにも挑戦した。部活動・駅伝の練習を終え、汗を拭いて合唱に取り組む生徒たちは、たくましく輝いて見えた。ある保護者は、「頑張っている子どもたちの後をついて行くのが精一杯でした」と笑顔で語った。

2. 被災地での中学校社会科学習

2-1 生徒の学習環境

　普段は、机の中に教科書や副教材などの勉強用具を置いていく生徒に対しては、「置き勉禁止」と指導する。しかし、避難所や仮設集宅に学習用具を置くスペースもないことから、震災後しばらくは教室のロッカー等に教科書や副教材を置いてよいこととし、家庭学習を促す課題もあえて用意しなかった。仮設住宅の共有スペースで学生ボランティアが学習支援をしたり、「寺子屋」と呼ばれる無料の学習塾が支援に当たったりした。

　教室は被災前と同じ空間なので、いつも通りの授業を心がけた。しかし、9割の生徒は自宅が流出し教科書やノートを失ってしまったため、1年時で支給されていた2・3年生の地理や歴史の学習については、しばらくの間教科書をコピーして対応した。ある日、ゴミ集積所で地理や歴史の教科書を見つけた。私の住む地域は被災していないため、教科書は不要なものだったのである。驚くとともに、温度差を感じた。学校の様子を地域の知人に知らせると、あっという間に教科書を集めてくれた。5月下旬に流失分の教科書が支給されるまで、大切に使わせてもらった。

　校舎が被災したため、世界地図や人物カードなどの教材が泥で汚れてしまい、きれいに拭いても跡が残った。「ちょっと顔色が悪い聖徳太子だね」などと笑いながら、授業で提示した。生徒たちは笑顔で学習を進めた。

　これまで書きためたノートを流失した多くの生徒に対して、被災を免れた生徒や卒業生のノートをコピーし、全員にファイルにして配付した。この作業には、学習支援のボランティアに来ていた宮城教育大学の学生にも協力していただいた。心から感謝したい。

2-2 学習内容の配慮

　年間指導計画に基づき学習を進めた場合、地理の「世界の地形」「自然災害」など、今このタイミングで題材にしてよいか、と戸惑う内容があった。理科の教員も、同様に感じていた。生徒の実態を優先して単元の配列を工夫し、学習を進めた。生徒たちも、教科書通りに進まない様子を理解し、そのことについては誰も質問しなかった。

2-3 社会参画を促す学習

現行学習指導要領の中学校社会科では、「社会参画」が一つのキーワードとなっているが甚大な被害を被った地域では、参画すべき地域社会が大きく姿を変え、その未来像を考えることは困難な状況にある。この状況下で、社会参画の態度を育む学習を検討し実践した内容を紹介する。

公民的分野「民主政治と政治参加」　実施時期　2012年10月

	学　習　目　標	主な学習活動
1	地方公共団体の仕事に関心をもち、地方自治の原則と地方分権の考え方と意義をとらえる。	宮城県や名取市の行政について知る。
2	地方議会のしくみを理解し、直接請求権がなぜ認められているか考えることができる。地方の財政の実際をとらえ、地方分権の意義を考える。	宮城県や名取市の議会について調べ、その役割と人々の生活との関わりについて考える。
3	地方の財政に関心をもち、その財源と財政上の課題について考え、発表することができる。	名取市の財政を調べ、人々の願いや名取市の未来像を考える。
4	地方のまちづくりについて関心をもち、現在どのようにまちづくりが進んでいるのかを捉え、地域の未来像について考えることができる。	まちづくりの現状を捉えるために、行政に携わる人から話を聞き、地域の未来像を考える。
5	閖上の復興について、より良いまちづくりを考え、地域の将来を担い社会に参画しようと主体的に提案できる。	互いの意見を尊重し、閖上の再生プランを考え、提案する。

①まちづくりの講話（4校時）を聞いた感想は以下の通りである。
- 閖上の人は、本当に復興したいと思っているのか。住民の合意形成するのは、とても大変だと思った。閖上というふるさとを失いたくない。
- 閖上の復興が全然進んでいないことを改めて実感した。自分にできることをできるだけ実行し、名取の復興に努めていきたい。
- 市の職員の方々は、とても苦労している。何かできることはないだろうか。
- 一度、人々が別々になってしまうと、また前のように町を再生させるのは、難しいことが分かった。
- 町が、私たちが住んでいた頃とは大きく変わっていくのは悲しいけど、私たちにできることがあると思うから、何年かかるか分からないが、しっ

かり復興に携わっていきたいと思った。
　・あの日学んだことをしっかり生かし、私もまちづくりについてもっと知り、携わっていきたいと思う。
　・大人の人たちだけでなく、私たち中高生にもできることをやり、なるべくたくさんの意見を出して復興の役に立ちたい。

②学区内で営業していた蒲鉾店「ささ圭」は、津波により工場・店舗が流失する甚大な被害により一度は廃業を決定した。しかし内陸部に新たな工場を再建し営業の再開を果たした。生徒たちは、小学校のまち探検でも訪れていた馴染みの蒲鉾店が再開するまでの経過を調べ、以下のような感想をまとめた。
　・震災ですべてを失った後、どれだけ苦労したのかを考えると、ささ圭を再開させたのはすごいことだと思う。あきらめないことが大切だと感じた。
　・周りの人々のあたたかさ、絆というのはすごい。
　・ささ圭さんは、すべてを失い何もない状態からここまで来ることはすごいと思う。周りの人々のあたたかさ、絆というのもすごいと思った。

　これらの感想から、まちづくりの構想の概要を知ることで、社会参画への意欲を高め郷土への愛着を深めたことが把握できる。また、復活を遂げようとする人々の姿から、生きる力強さを学んだと考えられる。なお、この学年は今年（2018年）成人式を迎えた。大学生として、地域行政に携わるための基礎を学び復興の役に立ちたいと考えている卒業生もいる。中学校での学びが、地域の未来を考え主体的に関わりたいという意欲に今もつながっていることを大きく受け止めたい。

3. 心のケアが必要な子どもたち

3-1　学校の役割

　震災直後、子どもたちにとって学校はどんな存在だったのか、心のケアの観点から考えてみたい。震災当時中学2年生だった生徒に、4年後18歳になったときにアンケートを行った結果を、次のようにまとめた。

「震災時、学校はあなたにとってどんな環境でしたか」
- 普段なら両親に相談していたことができない状況だったので、迷惑をかけまいと友人たちに相談し助け合う場だった。
- 幼い頃からの友人に会うことができる唯一の場所だった。
- 自分が自分でいられる場所だった。初めて避難所生活をして慣れない生活を送ると自分の本当の気持ちが分からなくなった。そんな時、つらい体験を先生や友人と共有し、互いが支え合い、さらに震災にきちんと向き合うことができる場所だった。
- ずっと一緒にいた仲間がいなくなり、その状況を飲み込むのに時間がかかった。しかし、学校にはみんないたので、学校があるのとないのでは違っていたと思う。

「震災時、学習をするうえで一番大変だったことは何ですか」
- 勉強用具や教材がすべてなくなってしまったこと。そろえるにはお金もかかり、なかなかそろわなかった。
- 勉強をする場所が、学校しかなかった。受験生であったのに、勉強をすることに対し葛藤があった。
- 仮設住宅に住んでいるので、壁が薄く集中できなかった。学校に残って勉強をしたり塾を利用したりしたが、受験生として気持ちを切り替えるのには時間がかかったと思う。

「震災は、あなたの人生にどんな影響を与えましたか」
- 人間として一回りも二回りも成長させてもらえた。自分のことだけでなく、家族、また後世の人のことまで考えることができるようになった。
- とても悲しく、人生の中でこんな経験はしたくなかったが、確実に成長できたと思う。
- 多くの友人を亡くし思い出の深い自分の町を失うという悲しい面がありながら、命の尊さや人とのつながりなど、生きていくうえで欠かすことのできないことを知った。教師になって恩返しをするという明確な目標も持てた。得るものも大きく、成長できたと思う。
- 当たり前のことが当たり前ではないことが分かった。家族、友人がいる

こと、温かいご飯が食べられるのも本当に幸せだと思った。
- 今を後悔しないように、生きようと思った。命の大切さを知り、周りの人や友人に気を配り助け合って生きていかなければ、と思った。

　これらのアンケート結果から、学校は、震災前の生活を取り戻すよりどころとなっていたことが分かる。場所は変わったとしても、教室の空間だけが震災前とは変わらない、自分を見つめ友人との絆も深めることができるかけがえのない場だった。このことだけでも、学校が果たした役割は大きい。

　また、震災の経験を「生きる力」へと高めていったことが分かる。これから受験生となるあの時期に受けた衝撃は大きく、大きな不安を抱えながら、力強く進んでいこうと日々を送ったことによるものだろう。この学年の様子は、たびたびテレビでも取り上げられ、全国に紹介された。ある学校では、その内容を道徳の時間に活用した、と手紙が届くなど反響もあった。

　一方で、災害によるストレスが長期化することも指摘されている。今は、前向きに生きようとしている子どもたちも、実は大きな心の傷やストレスを抱えている。阪神・淡路大震災や新潟県中越地震などの被災者が、10年以上経過してなお、フラッシュバックを起こすなど苦しんでいることが報告されている。このことを忘れずに、これからも生徒たちと関わっていきたいと考える。

3-2　震災時の年齢と心のケアとの関係

震災4年後に、教員に以下のアンケートを行った。

「震災後、入学してくる生徒たちに変化は感じられますか」
- 雷や地震を極端に怖がり、震災の話になると構える様子が見られる。
- 当時の年齢が低年齢化していくにつれ、自分の気持ちを言葉にできない生徒が増えてきていると感じている。
- 震災のことを、話してはいけないと思っている生徒が増えている。
- 震災当時中学生だった生徒たちの方が、これからの地域をよくしていこうという思いが強く、積極的に活動している。

この結果から、当時低学年だった生徒への関わり方への配慮や長期的な視点に立った心のケアが必要であると考える。養護教諭を対象とした「心のケアの研修会」等は開催されているが、広くその他の教員に対しても、今一度研修が必要ではないか。教員に対する心理的なサポートも含めて実施を期待する。

おわりに

　東日本大震災からはや7年となる今、被災地域の復興は着実に進んでいる。紹介した閖上中学校も、2018年4月に小中一貫校として新たなスタートを切った。しかし、児童・生徒数は小中合わせて139名と、震災前の3分の1以下になった（震災前2010年度の閖上小の児童数239名　閖上中の生徒数154名　合計447名）。この要因は、他地域へ転居し新しい生活を始めた人たちが多く、開校まで7年もかかったことが、影響したと考える。それでも、学校は地域に浮かぶ船であるならば、その出航に期待したい。その地域を創り、未来を担っていく子どもたちを育む学校の役割は、これからも続いていく。

第13章

福島県の原子力災害被災地における地域学習の現状と課題

池　俊介・鎌田和宏

はじめに

　2011年3月の東日本大震災で発生した福島第一原子力発電所の事故に伴い、浪江町・飯舘村は避難指示区域に指定され、全町村避難を強いられた。その結果、避難指示が完全に解除されて2018年4月から地元での学校再開が可能となるまで、浪江町・飯舘村では県内の他市町へ小・中学校が移転され、地元の地域から離れて学校運営をせざるを得ない状況に置かれた（図13-1）。これらの学校では、広範囲にわたる避難先からスクールバスで通学してくる子どもたちを相手に、地元の地域への立入りができない状態の中で社会科の授業を行わざるを得なくなった。とくに、身近な地域や地元の市町村を対象とする社会科の地域学習では、一般的に行われているような直接観察や聞取り等の活動が困難であるため、どのような内容・方法で授業を進めるかが大きな課題となってきた。

　そこで、日本社会科教育学会の震災対応特別委員会では、東日本大震災の被災地の学校における社会科地域学習の実態を知るために、2014年9月と2017年12月の2回にわたり福島県の浪江町立浪江・津島小学校（二本松市）、飯舘村立草野・飯樋・白石小学校（川俣町）、および飯舘村立飯舘中学校（福島市）において調査を実施した。本章では、これらの調査結果をもとに、福島県内の被災地の学校における地域学習の現状と課題を明らかにして行きたい。

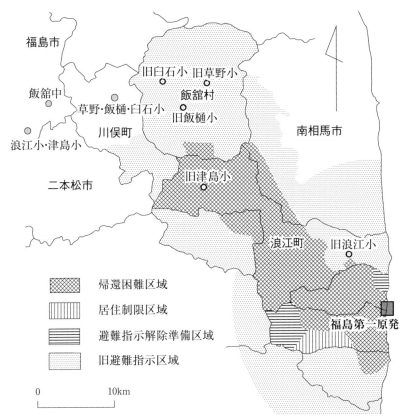

図 13-1　避難指示区域と調査対象の学校の分布（2017年4月現在）（経済産業省資料ほかにより作成）

1. 浪江町立浪江小学校における地域学習の現状

　浪江町では、原発事故により全町避難を強いられ、町立の小学校6校と中学校3校の全てが臨時休業となった。町民の避難先は県内のみならず全国に広がったが、2011年8月1日に二本松市の旧下川崎小学校の校舎を使用して町の東部にあった浪江小学校のみが再開され、再開当時は28名の児童が通学を始めた。震災前の浪江小の児童数は558人であったことを考えると、児童数の減少は著しく、その後も児童数の減少が続くことになった（図13-2）。また、浪江町への帰還が一部実現したとしても二本松市内に一定数の住民が残留す

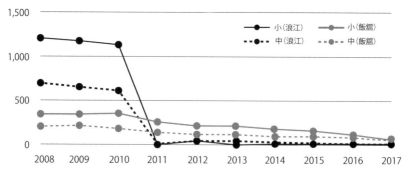

図 13-2　浪江町・飯舘村の小・中学校の児童・生徒数の推移（福島県学校基本調査による）

ることが予想されたため、二本松市内に浪江町民の通う小学校を残す目的で、2014 年 4 月から同校舎に町の内陸部にあった津島小学校も併設された。2014 年の児童数は浪江小 18 名、津島小 3 名の計 21 名であったが、2017 年には浪江小 3 名、津島小 2 名の僅か 5 名にまで減少している。両校とも小規模であるため、実際の学校運営は二つの小学校合同で行われている。両校の在籍児童のうち、二本松市内に居住する 2 名以外は、福島市（2 名）、本宮市（1 名）に居住しており、いずれもスクールバスで通学している。最も遠い福島市からは、学校まで約 1 時間を要する。なお、2017 年の教員数は校長・教頭・養護教諭を含めて 9 名であり（うち 4 名は加配の教員）、そのほかに ALT が 1 名、スクールカウンセラーとスクールソーシャルワーカーが各 1 名勤務している。

　地域学習では、浪江町域に入っての学習ができないため、基本的には二本松市を対象地域として授業が行われている。例えば、「町のようす」では二本松駅前の見学、「店ではたらく人」や「農家のしごと」でも市内の安達地区の事例を取り上げる一方、「工場のしごと」では福島市内の工場を取り上げて学習している。二本松市以外に居住している子どもたちには、社会科で学習した内容をもとに、自らが居住する地域と比較して共通点・相違点を見つけるよう働きかけることで、子どもが広範囲に居住する不利な条件を逆に活かそうと試みられている。

　一方、浪江町を題材とする地域学習は、副読本『すてきな浪江町』を使用した浪江町の文化財に関する学習のみである。それを補完する役割を担っているのが、2012 年から行われている「ふるさとなみえ科」（総合的な学習の時間）で

ある。この「ふるさとなみえ科」は、浪江町外で生活せざるを得ず先の見えない問題に直面する中で、子どもたちに「ふるさとへの誇りをもち、自ら課題を追究し、生き抜く力を育てたい」という教員の思いから始められたもので、浪江小の中心的な教育活動として年間70～90時間をかけて取り組まれてきた。その内容は、①「ふるさとの良さを発見する」、②「ふるさとの伝統文化を学ぶ」、③「ふるさとの人々と交流する」、④「ふるさとの未来を考える」の四つの柱から構成される。

①「ふるさとの良さを発見する」では、浪江町の文化や復興に取り組む人たちの地域づくり活動について調べた結果を「なみえ子ども新聞」にまとめて町民に配布する活動、自分たちのふるさとへの思いを「なみえカルタ」に表現する活動（資料13-1）、浪江町にどのような施設があったかを家族や知人に聞きながら地図に貼っていく「ふるさとの地図」作り等の活動が行われている。また、②「ふるさとの伝統文化を学ぶ」では、浪江町の伝統工芸「大堀相馬焼」の陶器づくり、③「ふるさとの人々と交流する」では、避難先の仮設住宅を訪問し「なみえカルタ」や昔遊びで町民と交流する活動が行われている。さらに、④「ふるさとの未来を考える」では、ふるさとをどのような形で復興させるか30年後の町の姿を想像した「未来の浪江町の模型」づくりが行われている。この活動は、町職員から浪江町の復興計画の話を聞いて「未来の浪江町」に関心をもった子どもたちが大学の建築学科の教員・学生の協力のもとで立体模型づくりに取り組んだもので、町民からも大変好評であった。

・川岸で　家族で楽しむ　いも煮会
・日本一　なみえやきそば　グランプリ
・七五三　浪江神社で　おまいりしたよ
・パパと見た　なみえの電車　スーパーひたち
・相馬焼　伝統工芸　復活だ

資料13-1　なみえカルタの事例

これらの活動では、浪江町の人々と交流し、その人たちの生き方に触れることを通じて、「ふるさと」である浪江町の未来を考え、自分たちの生き方を確

立することを大きな目的としている。同時に、浪江町の人的なつながりを重視することで、学校が町民を結びつける核としての機能を果たすことが期待されている。すなわち、「ふるさと」を失った状況の中で、学校を「ふるさと」の核として位置づけ、学校に「ふるさと」の人材を招き、子どもたちに「ふるさと」の良さを伝えてもらうことを目指している。こうした「ふるさとなみえ科」の活動は、同じ問題を共有する双葉郡全体で大きな反響をよび、2013年に策定された双葉郡教育復興ビジョンの下で浪江町を含む双葉郡8町村による「ふるさと創造学」の取組みへと発展した。

しかし、現在では震災前の浪江小学校に通学した経験がある子どもは皆無であり、浪江町での原体験をもたない子どもたちが大半を占めるため、浪江町に関する子どもたちの記憶やイメージは希薄化しつつある。また、子どもたちにとっての浪江町の記憶は各々の「学区」に限られており、「浪江町」の全体的なイメージを持たせにくいため、浪江町での暮らしを知る大人たちとの関わりの中で不足する情報・知識を補完させようと試みられている。しかし、自らの体験や記憶がほとんどない中での「ふるさと」の学習はかなりの困難を伴うものであり、教員による懸命な挑戦が続けられている。

また、移転先の学校での生活が長期化する中で、浪江町に関する学習だけでなく、学校が所在する二本松市に関する学習の必要性も高まっている。実際に、社会科の地域学習で二本松市を対象とした学習が行われるだけでなく、「ふるさとなみえ科」でも2015年から浪江町だけでなく二本松市の伝統文化についての学習も始められた。このように、きわめて複雑な環境の下で「ふるさと」である浪江町と、移転先の学校の所在地である二本松市の両方の地域を対象とした学習が同時に進められているのが現状である。

2017年3月の避難指示解除に伴い、2018年4月になみえ創成小学校・なみえ創成中学校が旧浪江東中学校の校舎を整備して開学され、浪江小はなみえ創成小学校として新たなスタートを切ることになった。浪江町での学校再開を機に、新しい社会科副読本の刊行が予定されているが、新副読本では浪江町に関する記述だけでなく、6年間にわたる移転先の二本松市での学びの成果も盛り込むことが企画されている。子どもたちの二つの「ふるさと」に関する学習の今後の展開が期待されるところである。

2. 飯舘村立小学校における地域学習の現状

　全域が避難指示区域となった飯舘村立の草野小学校・飯樋小学校・臼石小学校の3校は、飯舘村に隣接する川俣町に校舎を移転して授業を行っている（写真13-1）。児童数は2014年には3校合わせて184名であったが、2017年には51名に減少している（図13-2）。教員数は養護教諭を含めて28名であり（うち6名は加配の教員）、校長は3校の兼務となっている。2013年度までは3校が別々の教育目標を掲げていたが、2014年度から教育目標を統一し、2018年度からは授業を3校合同で行っている。移転先の学校が所在する川俣町に居住する子どもは10名（全体の約20%）のみで、それ以外の児童は福島市内から6コースのスクールバスで約1時間（冬季には2時間を要する場合もある）をかけて通学している。

　これら3小学校では、「まちたんけん」やスーパーの見学等については学校の所在する川俣町内で実施し、またゴミの学習ではスクールバスを使って福島市の施設を見学するなど、川俣町を主な対象とする地域学習が進められているが、同時に「ふるさと教育」と呼ばれる飯舘村に関する学習にも力を入れている。特に社会科の地域学習では、震災前に作成された副読本を活用して、かつての村内の公共施設や史跡・郷土芸能についての学習を進めている。また、飯舘村の大半の地域の避難指示解除に伴い、2017年からは消防署等の見学については飯舘村内で実施するほか、一部が再開されている花卉栽培や飯舘牛の飼育についての見学も行われているが、村民の帰還が進んでいないため「まちたんけん」の実施は難しい状況にある。

写真13-1
飯舘村立小学校の仮設校舎

一方、浪江小と同様に、総合的な学習の時間に「ふるさと学習」を年間30時間実施している（2019年度は40時間となる予定）。特に、3学年では飯舘村の公式キャラクターである「イイタネちゃん」を通じて村について学ぶ「幸せのタネ・プロジェクト」が実施され、イイタネちゃんのPRグッズの考案などのユニークな活動が行われている。また、4学年では村民が福島市内で耕作している水田での米作りや村の伝統芸能の調査、5学年では村の産業に関する学習、6学年では村の子ども議会の活動を通じて村の未来を考える学習が行われている。

　しかし、子どもの記憶の希薄化が進むとともに、飯舘村出身の教員が不在という状況の下で、震災前に作成された社会科副読本を利用した村の学習が次第に困難となりつつある。そのため、伝統芸能の実演や昔話の語り部として村民が積極的に学習を支援するほか、家族の大人の話を聞きながら、村にどのような施設があったかを地図に表現する学習を導入するなどの工夫を行ってきた。また、2016年3月には新しい社会科副読本が作成され、最終章に「これからの飯舘村」として、村の復興計画や、「避難先でがんばっている人たち」の活動の紹介を通して、子どもたちが村の未来像を描くことにつながるような内容構成に変えられた。しかし、村内での調べ学習の実施は現実的には難しいため、副読本は全体としては過去の村の状況を知るための資料集としての色彩が強いものとなっている。

3．飯舘中学校における「ふるさと学習」

　飯舘村で唯一の中学校である飯舘中学校は、震災直後に県立川俣高校の校舎の一部を借りて授業を再開したが、2012年8月に福島市飯野町の工場跡地に建設された現在の仮設校舎に移転してきた。震災前の生徒数は約200名であったが、現在の生徒数は63名にまで減少している（図13-2）。生徒は避難先の福島市・二本松市・川俣町などに居住しており、4名を除く全ての生徒が11コースのスクールバスで通学している。2017年現在の教員数は、養護教諭を含めて17名である。

　震災後、生徒には投げやりな態度が目立ったことから、飯舘村を知り地域に貢献する活動を通して生徒たちに自己肯定感を育むことを目的に始められたの

が「ふるさと学習」（年間35時間）であった。そのため、生徒が自分たちのルーツである飯舘村を誇れる存在として認識できるようにすることが、ふるさと学習の大きな目的とされた。2013年に始まったふるさと学習の内容は、仮設住宅での奉仕活動、岐阜県の各務原市立中央中学校との交流活動、飯舘村の伝統文化の継承に関する活動など多岐にわたるが、特に2016年からは今後の村の将来について考える活動を重視している。すなわち、震災後の村の現状を知り、避難先に暮らす当事者としての自分を見つめ、村の復興について話し合う活動が、ふるさと学習の中心に据えられている。

　具体的には、学年混成で「ドラマ班」「ものづくり班」「ディベート班」を組織し、それぞれの課題について探究活動が行われており、2016年12月には保護者や一般村民を招いてふるさと学習発表会も開催された。ドラマ班では、実際に酪農家から聞いた話をもとに帰村をめぐる3世代の家族の葛藤をシナリオに表現するなど、村民が直面する切実な問題がドラマ化された。また、ものづくり班では、村を紹介するパンフレットづくりや郷土料理のレシピを載せたカレンダーづくりが行われた。一方、ディベート班では、飯舘村に建設された太陽光発電所をテーマに「村のエネルギーは全て太陽光でまかなうべきである」「村は村民税を無料にすべきである」「草野・飯樋・臼石小学校の3校を統合すべきである」の三つのテーマに関して、肯定派・否定派に分かれてディベートが行われた。いずれのテーマも村が抱える現実的な問題であり、生徒たちが村の将来について日頃から真剣に考えていたことに教員たちも驚かされたという。

4. 被災地の学校が抱える課題

　小学校3・4学年や中学校で行われる社会科の地域学習では、子どもの日常的な生活圏に相当する「身近な地域」や、地元の市町村を対象として学習が進められる。この地域学習の最大の特徴は、直接観察や調査が可能である地域が学習対象として設定される点にある。したがって、実際に身のまわりの景観を観察したり、地域で暮らす人々を訪ねて調査したりする活動が前提とされており、そうした活動を通じて社会科的な見方・考え方を育てることが重視されてきた。

写真 13-2
除染が進む飯舘村
(2014 年)

　しかし、震災後に避難指示区域に指定された浪江町・飯舘村の住民は、住み慣れた生活地域から離れた生活を強いられ、地域学習の対象となるべき地元の地域への立入りが厳しく制限されてきた。そのため、避難先の自宅と移転後の学校との間をスクールバスで往復する子どもたちにとっての「身近な地域」を、どの範囲に設定すべきかについても悩みが大きい。各学校では、学校の所在する地域を学習対象とすることで問題の解決を図っているが、こうした状況自体は大学の附属学校や私立学校とも共通しており、これらの学校の実践にヒントを求めることもできる。しかし、浪江町・飯舘村の学校の場合、一般的な身近な地域の学習に加え、住民にとっての「ふるさと」についての学習も強く求められている点に問題の特殊性があり、それが地域学習の対象地域の問題をさらに複雑にしている。

　先の見えない避難生活が続く中で、自分の子どもたちが「ふるさと」について学んでいることが、住民にとって帰還に向けた一つの精神的な支えとなっている。そのため、住民の中には自分たちの「ふるさと」を知らない世代が生まれること、すなわち世代間に「ふるさとについての記憶の空白」が生まれることに対する強い不安や恐れが存在する。そうした不安や恐れを解消するうえで、各学校で続けられてきた「ふるさと学習」の実践はきわめて大きな役割を果たしてきたと言えよう。また、各学校で続けられてきた「ふるさと学習」は、「ふるさと」を知り「ふるさと」の人たちと交流する活動を通して、子どもたちに「ふるさと」に対する誇りを根づかせてきたことは確かであり、2018 年 4 月から地元で再開される学校で学ぶ子どもにとって、地元に戻

ることへの不安を軽減する効果を発揮してきたことも間違いない。記憶に乏しい「ふるさと」の学習を子どもたちに強いるのは自治体や保護者の単なるエゴに過ぎないとの考え方もあるが、帰還後の適応をスムーズにしたという正の効果も含めて客観的に評価する必要があろう。

　また、これまで各学校で行われてきた学校移転先での地域学習の成果を無駄にせず、これらの成果を今後の地域学習の実践に活かす工夫も重要となる。例えば、浪江小で構想されている実践のように、学校移転先での地域学習の成果を「ふるさと」を相対化するための比較事例として位置づけ、子どもの「ふるさと」への理解や豊かな社会認識の育成に積極的に活かすことも十分に可能であろう。今後、学校移転先での学習を通じて得られた人的な交流を含めて、子どもたちのこれまでの多様な経験を活かした地域学習の展開が期待される。

おわりに

　浪江町の一部地域、飯舘村の大半の地域で避難指示が解除され、浪江町ではなみえ創成小・中学校が、飯舘村では村役場近くに新たに飯舘小・中学校が2018年4月に開校することになった。しかし、2017年12月の時点で、新たに開校する学校への通学を決めている子どもは、飯舘村立小学校で28名、なみえ創成小学校では1名、飯舘中学校では13名にとどまっている。浪江町・飯舘村内で雇用を確保することは依然として難しく、それが新しい学校への通学者が少ない根本的な原因となっている。地元での学校の再開は復興への重要な一歩には違いないが、今後の道のりは厳しいと言わざるを得ない。

第 VI 部

東日本大震災の経験をどのように授業に活かすか
―― 東北地方の実践

第 14 章

震災後の福島県の農業に関する授業
―― 小学校 3 年生の地域教材の実践

渡邊智幸

はじめに

　東日本大震災から間もなく 7 年が経過しようとしている。当時 1 カ月後に入学を控えた子どもたちも、昨年福島大学附属小学校を卒業し、現在中学 1 年生になっている。この子どもたちの中には、他県へ避難し復学した者、放射能を気にしながらも福島市での生活を続けた者、入学早々に友だちと別れ小学校生活を送る者等、生活環境を大きく変えながら小学校生活を過ごしてきた子どもがほとんどである。

　そして「放射線」の問題。周囲の大人たちが多くの懸念を抱く中で、子どもたちの学習環境にもある程度の制限がかけられ、校外に出て地域学習することが難しい状況が続いていた。このような状況において、2013 年度に担任した 3 年生の子どもたちがどのように地域に飛び出し、地元の果樹農家がふるさとを復興させていく様子を学んでいったのかについて本稿では述べていくことにする。

1. 当時の福島の子ども・地域の現状から

1-1　生活科なのに外に出ることができない

　震災後の 4 月に入学した子どもたちは、1 年の生活科の学習において外遊びは制限され、多くの「ひと」とかかわる町探検に歩いて行くことが難しい状況にあった。学校行事においても、屋外で行う行事については屋内で実施する場合がほとんどで、スポーツフェスタ（運動会）もこの年のみ体育館での実施に

なった。

やはり、周辺環境にある放射線の体への影響を心配し、「少しでも被曝量を軽減させたい」という保護者の思いと、「安心安全な教育活動を実現したい」という学校の考えから、このような活動を行うという判断にいたった。第2学年の後半になり、福島大学構内への校外学習に行くことはできたが、社会科の学習の素地となる「地域を見る」「地域のひとと出会う」という活動は著しく少ないことは否めない状況にあった。

1-2 「福島って安全じゃないの」という声

第3学年の子どもたちにとって、地域社会で働く人の営みにふれることは、身近な地域への関心を高め、地域の社会的事象に対する見方・考え方を働かせながら、社会認識を深めることにつながっていくと考えている。

しかし、当時の福島を取り巻く状況を考えると「福島産に対する風評被害」「観光者数の激減」等、福島県の安全性を問う声がよく聞かれた。子どもたちからも「福島県の果物は放射線があるから食べない方がいいよ」と友だちに話す声もあったほどだ。

学習指導要領解説の第3学年・第4学年の態度に対する目標の一部には「地域社会に対する誇りと愛情を育てるようにする」と書かれている。このままの状況だと、自分の育った地域に誇りをもつことができない子どもになってしまうのではないかという懸念を抱きながら、子どもたちと生活する日々が続いていた。目の前の子どもと地域の現状を考慮しながら行ったものが以下に示す実践である。

2. 大単元「くだものの旅」の授業実践より

2-1 子どもの思いを大切にした大単元構想 [1]

福島大学附属小学校では、いくつかの学習内容や活動の関連性を考慮したり、子どもの問いの連続性を加味したりして単元を組み合わせる大単元構想を基に、授業を実践している。

本大単元「くだものの旅」では、地域の人々の生産や販売に関する仕事や自分たちの生活とのつながりについて学習する。いくつかの教科書会社の単元配

列では「販売」から「生産」という順序で学習するが、本大単元では「生産」から「販売」という流れで単元を進めることにした。なぜなら、生産者の強い思いが込められた果物がどのようにお店に並べられ、消費者の元に届くのかを学んだ方が子どもたちの思いに寄り添えると考えたからである。そして、何より震災後に福島市内の農家が風評被害を払拭するための多くの工夫や努力を考えたからこそ、地域の販売の仕事の工夫や努力の意味を深く捉えることができるのだと考えた。

大単元の概要については以下の通りである。

大単元「くだものの旅」（総時数 22 時間）の計画

【くだものができるまで】10 時間
(1) 福島市の果物づくりの現状を調べ、問いをもつ。①
(2) 果物農家の1年間の仕事の様子やそこで行われている作業上の工夫や努力を調べる。③
(3) 果物農家を訪ね、仕事の様子や畑の様子を観察したり、作業を体験しながら話を聞いたりすることで農家の思いを考える。④
(4) 見学したり、調べたりしたことをまとめ、果物の今後について調べる活動につなげる。②

【くだものの旅立ち】12 時間
○ 地域の生活を支えているお店で働く人が、消費者に商品を買いやすくさせるために、様々な工夫や努力をしていることを調べる。

2-2 授業の実際

①果樹農家「永倉さん[2]」との出会い

授業が始まるとあおい広場（福島大学附属小学校にある大きな学習スペース）の外から大きなエンジン音がする。学校では耳にすることがない音にざわめく子どもたち。間もなくすると、そのエンジン音が見たこともない乗り物から聞こえてくる音だと気付いた。

「見たことない乗り物だな。あれに乗っている人は誰だろう？」
「なんかたくさんの道具を持っているみたいだよ」
「ぼくのおじいちゃんの家にもあの乗り物があって……」

と福島市飯坂町の果樹農家の登場に多くの「問い[3]」を見いだし始めていた。

　子どもたちが生活する福島市内、現在の果樹の中心地帯である旧伊達・信夫両地域は、早くから養蚕業が発展した地域である。大正半ば以降、昭和恐慌、特に第二次世界大戦後の養蚕業の衰退に伴って、桑園から果樹

写真14-1　果樹栽培について語る永倉さん

園への転換が進んだ。また、東北本線の開通などにより、農産物市場が地方から全国へと拡大し、商品作物としての果樹の増大に拍車をかけることとなった。

　しかし、東日本大震災後、原子力発電所の事故により、福島県産の果樹価格の低下、風評被害による注文数の減少等、多くの問題が果樹農家を悩ませることになる（図14-1参照）。離農する農業従事者もいる中で、高圧洗浄機で樹木を洗浄したり、放射線モニタリング検査[4]の結果をホームページ上で公表した

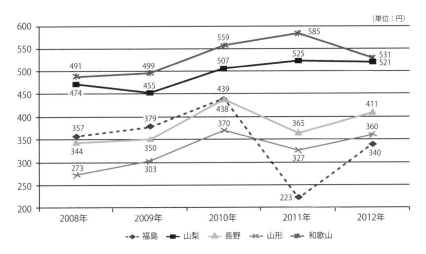

資料：東京中央卸売市場HP『市場統計情報』

図14-1　東京中央卸売市場における産地別「もも類」の平均価格推移

りと多くの努力を重ねてきたのが、この永倉さんである。校外での学びが制限され、これまで地域での学習を十分に行うことができなかった子どもたちだからこそ、福島が抱える問題に本気で取り組み、その問題を払拭しようとしている永倉さんに出会わせたいと考えた。

　永倉さんに実際に使用している「草刈り機」を学校にもってきていただき、子どもたちの前に登場したのが前述した出会いの場面である。子ども一人一人が発する「どうして？」「なんのために？」などの「問い」を整理していくと「実際に畑に行って、仕事の様子を見てみたい」という思いが高まってきた。永倉さんとの出会いにより、福島市の果物づくりへの「問い」を見いだし、校外学習へ行く必要感を感じる子どもの姿が見られるようになった。

②福島市飯坂町の大黒屋農園にて

　出会いから2週間後、バスに乗り大黒屋農園の畑に収穫作業へ行った子どもたち。永倉さんの東日本大震災後の苦労や福島県産をPRする工夫についても事前に学習を行うことで「自分も農園で働く一員として、生産者の見習いとして少しでもお手伝いがしたい」という必要感・切実感をもたせたうえでの活動だった。

　子どもたちはぶどうの棚の高さに注目し「ぶどう棚の高さは永倉さんが収穫するのにちょうどいい」と話したり、一房一房袋がけされたぶどうを見て「ぶどうの実を守るためにこんなに大切に袋にいれるのか」と感想を述べたりする姿が見られた。果樹農家の工夫や努力を感じた子どもたちが発する言葉に、地域社会で働く人に対する社会認識の深まりを感じることができた。そして、何より「ふるさと福島」にはこんなにもすばらしい農家さんやおいしい果物が存在することを感じる子どもの姿があった。

　小単元「くだものができるまで」の学習は、授業だけではおさまらず、休日に家族と農園を訪れ、ぶどうについて説明したり、永倉さんに他のぶどう畑を見せていただいたりと、授業をきっかけに自分から地域に飛び出していく子どもの姿が見られるようになった。（写真14-2）

　そして、小単元終末の子どもの手紙には以下のような内容が示されていた。「これから私は、ぶどうを食べる時、ちゃんと育てたのう家さんがいることをわすれないで食べたいです」という一文からも、この単元を通して、地域で働

写真 14-2　ぶどう畑を訪れ、永倉さんの話を聴く子どもたち

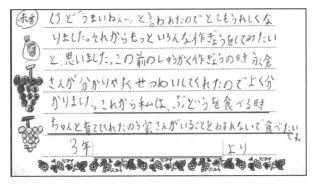

写真 14-3　ぶどう収穫後に書いた永倉さんへの手紙より

く農家の役割の大きさ、自分の生活とのつながりを意識していることがうかがえる。(写真 14-3)

　何度も果樹園に通い、農家の仕事を見たり、体験したりしたからこそのお礼の手紙の文面だと言える。しかし、この学習を行うにあたり、当時の福島では乗りこえなければならない壁があった。

③放射線量を記載した校外学習実施案

　震災直後に、社会科や総合的な学習の時間における校外学習を行う際に配慮しなければならなかったことが「空間放射線量[5]」である。子どもたちの校外学習を行う場所や歩行経路等の空間放射線量を測定し、活動時間における積

算放射線量を示すことが、保護者への説明責任として求められていた。次に示すのが、校外学習実施案の一部である。(写真14-4)

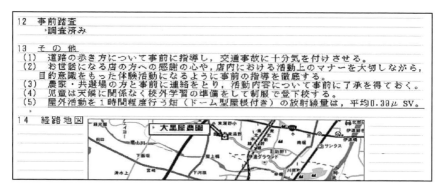

写真 14-4　空間放射線量を記した実施計画（社会科校外学習実施等より一部抜粋）

　2013年度（平成25年度）の福島大学附属小学校の校外学習実施案には、上記のような項目が設けられ、子どもの健康面への配慮を考えながら、校外学習を計画してきたのである。東日本大震災後の原子力災害を経験した福島ならではの取り組みだと言える。

④スーパーマーケットで福島県産を探し始める子どもたち
　小単元「くだものができるまで」において、地域の「生産」にかかわる仕事について学習してきた子どもたち。次の小単元に入ると、生活経験を基に果物が販売されるお店の様子を話し始めた。

C1：永倉さんのぶどうと同じシールがはってあるぶどうを○○（スーパー名）で見つけたよ。
C2：ちがうお店にはピオーネ（ぶどうの品種名）の他の県でつくられた何種類ものぶどうが売られていたよ。
T　：どうして、同じぶどうなのにいくつもの県でつくられたぶどうが売られているのだろうね。
C3：だって、買う人はつくられている場所は気にするよ。お母さんだって「○○産」はよく見て買っていると話していたよ。

ぶどうを収穫し、家族でお店に行った際に果物売り場をみていたC1児とC2児。ぶどうの産地に注目しているC2児の視点のよさを見取った教師が、その理由を問い返すと、C3児は「消費者の立場」から売り場の工夫を考え始めた。

写真14-5　産地を確認しながら店内を歩く子ども

「生産」の学習を行い、一つ一つの果物に生産者の工夫や努力が込められていると感じた子どもたちだからこそ、身近な地域のお店で売られている果物の産地に着目し、地域の販売の仕事の工夫や努力の意味を捉えることができたのだと考える。まだまだ福島県産の野菜や果物、米を購入する家庭が少ない時期ではあったので「○○産がよいものだ」というかたよった価値観で、子どもたちの判断が行われることがないように気を付けながら授業実践を重ねた。そうすることで、子どもたちには、自分の生活経験や正しいデータを基に物事を考えようとする資質・能力を育成することにつながっていったと考える。

おわりに

本章の実践を行ってから5年が経過し、改めて子どもたちと創り上げた学習を振り返ってみると、福島を取り巻く状況も少しずつ変わってきていることを実感する。当時に比べ、空間放射線量も低下し、屋外活動の制限もなくなっている。地域教材として教材化した果樹農家とは現在も交流があるが、全国への果物出荷量も震災前に戻りつつあるというお話もうかがった。こう考えると、福島を取り巻く状況や子どもたちの教育環境は改善されつつあるように思うが、まだまだ解決しなければならない問題は山積みである。

私のふるさと双葉郡富岡町は、福島第一原子力発電所の周辺にあり2017年春に役場機能を郡山市から富岡町に戻したが、人口の約3％しか帰還していない。震災当時富岡町に住み、隣の村の「川内小学校」に勤務していたからこ

そ、原子力発電所立地地域が抱える問題も他人事には思えない。私は震災後7年間で見てきたこと、感じてきたことを基に現在の勤務校である「福島大学附属小学校」で何ができるかを考えてきた。

「社会科の教員として、課題最先端県である福島で何ができるのか」
「目の前の子どもにどんな資質・能力を育成しなければならないのか」
「多くの問題をどう教材化し、子どもと出合わせていくのか」など
これらを常に念頭に置き、よりよい社会科教育の在り方を考えてきた。

困難な状況を抱えた福島には多くの大人たちの「工夫や努力、知恵」が存在する。それを目の前の子どもたちにどう伝え、その意味を友だちと考え続けていく授業がどんなに大切かということを改めて考えることができた。

このとき担任した子どもの中には、今でもお年玉でぶどうの木を買い、永倉さんを慕い、ぶどうの収穫に行く子どもがいる。私が「どうして自分のお金を使ってまで、この木のオーナーになったの？」と聞くと「仕事への熱い思いを感じるし、そこで育てたぶどうは他のものよりもおいしく感じるから」と答えてくれた。中学生になった今でも、果樹農家との交流を楽しみ、福島で生産された果物の味を多くの人に伝えている。子どもの変容、成長に嬉しさを感じながらも、福島県が直面する問題を前向きに捉え、地域素材を教材化することで、たくましく生きる子どもを育てていきたいと考えている。

写真14-6　収穫を前に嬉しそうな表情を見せる子ども

《注》
(1) 子どもの思いと教師の願いにより構想されるもの。小単元の配列や関連性を考慮しながら、一つの大単元の中で子どもの学びを見ていこうとする取り組み。
(2) 大黒屋果樹園（福島市飯坂町）永倉一大氏。福島市でりんご、ぶどう、桃等を栽培する果樹農家。
(3) 福島大学附属小学校においては「子どもの学びのきっかけや原動力となるもの」と捉えている。
(4) 収穫された果物の一部を抽出し、放射線量を測定する検査のこと。
　　東日本大震災以降、福島県では米の「全粒全袋検査」を実施している。
(5) 空間に存在する放射線の単位時間あたりの量。単位はナノグレイ毎時（nGy/h）またはマイクロシーベルト毎時（μSv/h）。放射性物質の漏出などの異常が発生していないか監視するために、原子力施設の周辺で常時測定されている。県内各地でモニタリングポストを設置している。

【参考文献】
澤井陽介『小学校社会　授業をかえる5つのフォーカス』pp.17-30、2013
福島大学地域ブランド戦略研究所『目指すのは復興ではない未来づくりだ』pp.6-18、2014
福島大学附属小学校『今を生き、未来を拓く』pp.15-18、pp19-21、2011
文部科学省『小学校学習指導要領解説社会科編』pp.16-20、2008
文部科学省『初等教育資料2016年9月』pp.48-53、2016

第 15 章

震災後の福島県の農業に関する授業
——中学校日本地理の学習の実践

小松拓也

はじめに

　福島県は、3月11日午後2時46分に発生した東日本大震災により多数の死者、行方不明者そして住宅、生産設備の損壊、流出、浸水、原発事故による放射線の被害など未曾有の被害を受けた。本県の豊かな自然環境に恵まれた「安全・安心」をイメージした「うつくしま　ふくしま」が一変した。本県の場合、宮城県、岩手県と異なり、地震、津波の大災害に加え原発事故による放射能汚染という「複合大震災」に見舞われ、復旧・復興に向け多くの点で困難な状況にある。

　特に本県においては、東日本大震災以降「復興の担い手」としての人材育成が求められている。そのため、将来の活躍が期待される中学生が、よりよい社会の在り方や未来について主体的に考え、社会に関わろうとする態度の育成が必要不可欠である。

1. 福島県の農業

　福島県は、全国でも有数の農業県として、県内はもとより首都圏など県外消費地への重要な食料供給の役割を担ってきた。また、土産や宿泊、飲食店における地場産品の提供のほか、田園風景や果樹園などを含め、地域の観光資源として大いに活用されてきた。

　しかし、東日本大震災によって、地震・津波による被害に加えて、原子力発電所の事故による被害とその風評被害にさらされ続けている。特に、農産物に

関する風評被害は、当該農産物が実際には安全であるにもかかわらず、消費者が安全ではないという噂を信じて不買行動をとることによって、被災地の生産者（農家や販売店等）に不利益をもたらしている。

　こうした現状に対し県内の農業関係者は、風評被害の払拭に向け、懸命の努力を重ねてきた。具体的には、県産米の全袋検査を始めとする放射性物質のモニタリングや情報発信の強化、農地等除染を積極的に進めてきたほか、知事等による県産品のトップセールス、物産展・展示会の開催などにより、国内外への安全性PRを図ってきた。また、JAや個別農家においても、独自に検査装置を導入のうえ、農産物や土壌検査を実施し、ホームページ等で情報公開する取り組みのほか、首都圏などへ度々出向き地元産品をPRする取り組みなども数多くみられている。こうした関係者の努力もあって、福島県の農産物価格は震災直後の大幅な価格下落から持ち直してきているが、風評被害はなお完全には払拭されていない状況にある。

　風評被害の払拭に向けては、今後も農地等除染や、安心できる検査体制の維持とその情報開示の取り組みを継続・強化していくことが重要である。加えて、検査手法（どのような検査を行っているのか）や検査結果に関し、全国対比の計数などを交えながら県内農産物の安全性をわかりやすく情報発信することも、有効な対策と考えられる。

　このように福島県の農業を巡る現状の最大の問題は風評被害であり、この払拭に取り組むことが喫緊の課題である。

2. 福島県の米の生産

　東日本大震災が発生する前までは、福島県は日本を代表する米どころであった。しかし、原発事故によって、そのブランド力は大きく損なわれた。消費者の安心と安全を守るため、福島県では原発事故の翌年から、県内で生産された米すべての放射性物質に関する検査を続けている。その基準値は、米1kg当たり100ベクレル。国際的な安全基準をもとに定められている。2015年以降は、この基準を超えるものは出ていない。さらに現在は、福島産のコメの99.9％が、基準値よりもはるかに低い、ND (not detected)、つまり検査器機では放射性物質が検出できないレベルとなっている。しかし、こうした状況にも

かかわらず、福島県産のコメの価格は、原発事故前の水準を下回る状況が続いている。

　安全だとされたにもかかわらず、風評被害を完全になくすことはできていない。小売店との取引は大きく減少し、特に一般家庭向けの販売は、大きく減少している。その一方で、引き合いが増えているのが、業務用での取引である。

　業務用とは、コンビニのお握りやお弁当、レストランで使用される加工品など。福島県産米は、以前は値段が高い家庭向けが中心だったが、多いものでは2割ほど価格が下落し、業務用としての扱いが増えている。もともと高い品質を誇る福島産の米が、今では安い値段に抑えられているのが現状である。さらに、福島の米については、流通の過程で産地そのものを隠すことも常態化している。その中で、取り扱いが増えた商品がある。それは、福島県と他県産の米を混ぜ合わせた、いわゆる「ブレンド米」である。ある業者では、県外で販売する米のほとんどが、こうしたブレンド米だという。コメの産地表示に関する法律では、福島産のみ使用した単一原料米の場合、県名の表記が必要だが、ブレンドした複数原料米では、国内産という表記だけで流通できる。また、福島県産ブランド品種である「天のつぶ」は、本来の用途とは異なる牛や豚など、家畜の餌として用いられることもあるのが現状である。

3. 社会科の授業

3-1　授業の概要

　本単元は、『中学校学習指導要領』地理的分野の内容（2）「エ　身近な地域調査」を取り扱う。ここでは、地域の課題を見いだし、地域社会の形成に参画しその発展に努力しようとする態度を養うとともに、市町村規模の地域の調査を行う際の視点や方法、地理的なまとめ方や発表の基礎を身に付けさせることをねらいとしている。そこで、課題を見いだしたり、まとめたりするためにも、地図や表・グラフから情報を正確に読み取り、それらを整理・分析する技能やそれらの情報を活用しながら地域における事象を考察し、効果的に表現する方法を身に付けさせる必要がある。またそれらを通じて地域社会の一員としての自分を自覚させ、地域の発展に努力する態度を養う必要がある。

3-2　単元の目標

身近な地域の調査とその地域的特色や地域の課題に対する関心を高め、それらを意欲的に追究し、とらえようとしている。（関心・意欲・態度）

身近な地域の地理的事象から課題を見いだし、身近な地域の調査を行う際の視点や方法をもとに多面的・多角的に考察し、公正に判断して、その過程や結果を地理的なまとめ方や発表の方法により適切に表現している。（思考・判断・表現）

身近な地域の調査とその地域的特色や地域の課題に関するさまざまな資料を収集し、有用な情報を適切に選択して、読み取ったり図表にまとめたりしている。（資料活用の技能）

身近な地域の調査について、地域的特色や地域の課題とともに、身近な地域の調査を行う際の視点や方法、地理的なまとめ方や発表の方法を理解し、その知識を身に付けている。（知識・理解）

3-3　単元指導計画及び内容（5時間）

①地域の新旧の地形図の読み取り

　福島市の地形図を活用し、明治41年、昭和6年、昭和49年、平成16年、平成28年の地形図の読み取りを行う。新旧の地形図を比べることで、地形や土地利用、道路などがどのように変化したかよくわかり、地域の変化に関するテーマや仮説をたてる。

②地域的特色についての調査方法

　仮説を確かめるために、どのような資料が必要なのか、また、どのような調査が必要なのかを考察する。

③地域調査、まとめ

　実際に仮説を確かめるために地域調査を行う。調査でわかったことを関連付けてまとめる。その中で、地域の変化をとらえることで地域の課題もみえてくる。

④地域の特色を発表する

　地域調査の結果を発表する活動を通して、地域のこれからについてグループで話し合いを行う。話し合いを深めるために、新たな調査をしたり、これまでの学習をふりかえったりして意見交換を行う。

⑤地域の主題学習（本時）

　本時は身近な地域調査のまとめとして、福島県の農業を取り上げる。生徒たちのイメージとして、震災から5年が経過し、風評被害は少なくなり、農作物の価格も震災前と同様になってきていると感じている。しかし、図15-1をみると実際は異なる。この現実と生徒認識のズレを学習課題として追究する。また、図15-2をみると震災前と後では、福島県産銘柄の価格帯が大きく下落していることがわかる。農家の視点、消費者の視点、販売店の視点で対策や風評被害について考え、発表し、学級全体で共有する。そして、福島県農業の現状を改善するために何が必要なのかを考えることで課題のまとめとしたい。

　東日本大震災・原発事故から5年が経過したが、福島県の農林水産物の価格はなかなか戻らないのが現状である。2015年の全国平均価格と比べると、桃は74％、アスパラガスが77％、米が92％である。特に、米は震災後、スーパーなどの直販が少なくなっている。その一方で、安全性が確認され安いので、コンビニのおにぎりや弁当、外食等の業務用に多く出回るようになっている。その要因として、他産地の代替性があるものは影響を受けやすいことがあげられる。一方で、福島県では米1,000万袋について全量全袋検査を行っている。しかし、県外での認知度は低く、5割弱である。また、基準値超えゼロの結果を知っている人も県外では2割弱であり、福島県産についての認識が震災1年後のままで留まっているのが実情である。

〈本時のねらい〉
　東日本大震災前後の福島県産農作物の価格の変化を通して、福島県が置かれている状況とその対策について、資料を関連付け、自分の考えを表現することができる。

〈授業の流れ〉
　東日本大震災が発生した後の写真を掲示し、災害について想起させた。その後、事前にとった生徒アンケート「普段の生活で震災の影響を感じるか」（感じる12％、ほとんど感じない48％、感じない40％）「福島県の農産物について、抵抗

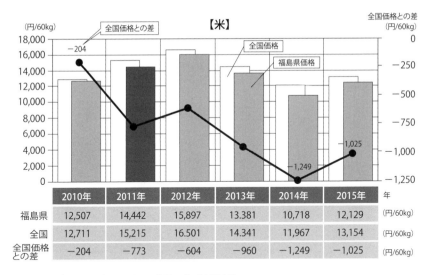

図 15-1　福島県産米の価格と全国の比較

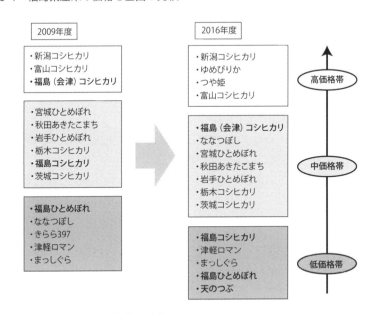

図 15-2　福島県産米の価格帯の変化

感はあるか」（感じる 15％、ほとんど感じない 45％、感じない 40％）の結果を提示し、生徒たちの意識の共有を図った。次に、図 15-1 を提示し、震災後の福島県産の米の価格がどのように変化しているか予想させた。震災から 5 年が経過し、風評被害は少なくなり、農作物の価格も震災前と同様になってきていると感じている。

しかし、図 15-1 をみると実際は下落し、予想とは異なる。さらに、図 15-2 をみると震災前と後では、風評被害により福島県産銘柄の価格帯が大きく下落していることがわかる。この現実と生徒認識のズレを学習課題として追究する。

風評被害について、農家の視点、消費者の視点、販売店の視点で考えた。農家の視点では、「検査も行っているので食べて欲しい」「福島県産農作物の評判をよくしたい」「価格が震災前に戻らず、生活に困る」「他県と変わらないのに福島県産というだけで、価格が安くなるのは嫌だ」。消費者の視点では、「安全かどうか心配だ」「検査をしているのだから、安心だ」「県内産は、新鮮で美味しいので気にせず食べる（福島県に住む人）」。販売店の視点では、「検査基準はクリアしているけど、お客さんからすると心配と感じる人もいる（売れない）」「売りたいけど、クレームがきた場合の対応が大変だ」「安い価格でしか販売できないため、利益に繋がらない」「復興支援になるため、販売したい」「検査をしているので、安心して販売できる」などの意見がでた。

その後、発表し学級全体で共有した。

次に、福島県の農業の現状を伝えるため、JA 全農福島の職員の方へのインタビューを手紙として生徒に伝えた。

自分たちの考え、JA 全農福島の方から聞いた現状を踏まえて、農業の現状を改善するために何が必要なのかを班で考えた。

○テレビや新聞等での福島県産の農作物が安全であることを発信する（検査方法、基準など）。
○基準値をさらに厳しくして、より高い安全性をアピールする。
○流通過程を明確に知らせる。
○企業との連携を図る。
○福島県の日本酒の評価は高い。日本酒の原料は米である。このことをアピールする。
○県外の農作物の販売関係者に、実際に来てもらう。

授業を終えた生徒の感想は以下の通りである。
○福島県の農業について、自分の意識との違いがあることに気付いた。身近な問題として、とらえることが必要だと思った。
○福島県の農業の現状について知ることができた。今後は、福島県産の「安心・安全」を少しでも広めていきたい。
○風評被害は、少なくなってきていると感じていたが、現状を知ってショックだった。
○自分自身も福島県産を食べることに抵抗があったが、検査されていることを知って安心した。
○農家の人々の苦悩は並大抵のものではない。
○県外の人々に、福島県産の安全性を知ってほしい。

おわりに

　東日本大震災及び原発事故からの復興が進められている。県産農林水産物をはじめとした県産品、観光などそれぞれの分野において、「食の安全・安心確保の取組」や「本県の魅力」の発信など、風評払拭と風化防止に向けた様々な取組を着実に実施し、県産農林水産物の一部品目の市場価格や観光客の入り込み数などは徐々に回復しつつある。しかしながら、未だあらゆる方面に根強く風評が残り、県産農産物の市場価格は震災前の水準に戻っていないなどの影響を及ぼしている。
　一方で、時間の経過とともに本県に関する情報量が減少し、東日本大震災と原発事故からの本県への関心度や応援意向が低くなるなど、風化が進んでいる。
　本県の復興を着実に進め、さらに加速させるためには、次代を担う中学生が特に「復興の担い手」として活躍することが求められている。そのため、将来の活躍が期待される中学生が、よりよい社会の在り方や未来について主体的に考え、社会に関わろうとする態度の育成が必要不可欠である。
　授業を通して、学んだことと社会とのつながりを感じたり、他者とともに課題解決に取り組んだりすることで、社会の仕組みなどを理解し、主体的に社会へ参加する姿勢や多様な意見を尊重し合いながら協働的に問題解決を図る姿勢

を育む必要があると考える。

【参考文献】
岡﨑誠司『見方考え方を成長させる社会科授業の創造』風間書房、2013
関谷直也『風評被害』光文社、2011
福島大学附属中学校『学校公開のしおり』2016
文部科学省『中学校学習指導要領解説社会編』日本文教出版、2008（2014　一部改訂）

第 VII 部

東日本大震災の経験をどのように授業に活かすか
―― 東北地方以外での実践

第16章

3.11後を生きるための社会科教育試論
―― 三つの実践から考える

板垣雅則

はじめに

　東日本大震災から7年半が経った。復旧・復興が進んできたとはいえ、福島第一原子力発電所の事故処理も難航しているし、避難生活を送っている人も多く、まだまだ課題は多い。
　このような悲劇が二度と起こらないように、そして被害を最小限にできるようにと、社会科教育に携わる人たちはそれを真剣に考えてきた。
　筆者も一小学校教員として、「何とか授業で子どもたちと一緒に考えていきたい」と強く思って取り組んできた。しかしその時はもとより、それら実践を記録・分析する現在においても「果たして、それでよかったのか？」と自問自答し、苦悶しているのが実情である。それは、一言でいえば東日本大震災によって明るみになった（もしくは生じた）リスクを一教員としてどう評価するか、そしてどう子どもに伝えていくかということである。ともすれば不用意に危険性を煽っていたのではないか、ということだ。
　東日本大震災に対する人々の関心が薄れ始めていると聞く。しかし、災害から人々の生命・財産を守るために、社会科教育でできることはたくさん存在するはずであるし、社会科の中に防災的な内容を盛り込むことはこれからますます必要になってくるはずである。そこで本章では筆者のこれまでの実践を紹介し、自己批判なども交えながら、東日本大震災後の社会科教育で重視すべきことを論じていきたい。

1. 2011年10月実施 「これからの食糧生産と私たち」(5年生)

　震災と原発事故直後の5年生担任として授業化したテーマは「食の安全」であった。当時は福島産の生産物を食べてもよいのか、それとも健康被害が出るのかなどの情報が錯綜していた。そこには国による暫定基準値の設定の是非や、生産物の中にどれほどの放射性物質が含まれているかなどといった論点もあったが、ここでは、どれほどの被曝をすればどれくらい健康に対する確率が増すのか、食糧摂取によってどれほどの被曝量になるのか、という2点を中心に、「食べているものがどれくらい安全なのか、どれくらい危険なのか」について考えていく授業を行った。

　ここまで議論を限定させたとしても、それでも研究者の見解はまちまちであった[1]。そこで、さまざまな本を読んで出した筆者の「見解」として、①100mSv以上の被曝ならばその被曝量に応じて、がんになる確率が比例的に上昇する。②100mSv以下については見解が分かれているが、大まかに言って「100mSv以下はほぼ問題がない（閾値説）」とするか、「100mSv以下でもほぼ比例的に確立の増減がある（LNT仮説）」とする二つの説で対立している。この二つを授業の基本に据えた。次に、河田惠昭らの本を基に、③当時の暫定基準値500Bqの米1合食べた時の被曝量を0.000975mSvとし、それを1年続けると0.000975×365＝0.355875mSvと算出した[2]。

　授業は「これからの食糧生産と私たち」の単元のまとめとして展開した。導入として自分たちが育てた米を売ることに不安を抱いている福島県の農家の投書を読んだ、クラスの子ども二人の見解を紹介することから始めた。Aは「安全だと言われたものは、自分は放射能を気にせずに食べます」と言い、Bは「福島県産の食べ物を買ってあげてほしいけれど、自分もやっぱり放射能が気になります」と書いていた。そこで「あなたはA・Bどちらの意見に賛成ですか？」と質問した。

　次に、A・Bどちらの意見に説得力があるか考える材料として、上記②の閾値論は正しいか、間違っているかを議論させた。閾値論を主張する中川恵一の主張には、100mSvの被曝によって、がんによる死亡者数は最大で0.5％上昇する、というのがある。これは人口1,000人の村があれば、被曝しなくてもがんによる死者は333人だと想定できるものが、100mSvの被曝により338人に

なることだ、と中川は説明する[3]。

　しかし、Sという子がグラフを見て「先生、333人が1.05倍増えて338人になるんだったら、そんな急に5人が増えることが（あるのか？）……」と気づいた。100mSv直前で急激に上がるのはおかしくないか、それならLNT仮説のように、337人、336人、335人、334人と順々に下がっていくと考える方が自然ではないか、というのである（図16-1）。比例の考えを用いたこの考えが本クラスでは説得力を得て、約2/3の子が彼の意見に納得した。

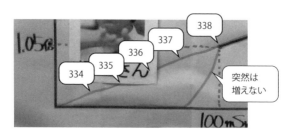

図16-1　Sの説明

　この話し合いを受けて、最後に500Bqの米1合を1年間食べ続けた時の被曝量が約0.35mSvになることを説明しグラフ上に表したうえで、あらためてA・Bどちらの意見に賛成かを書かせた。

Aの意見（気にせず食べます）
・0.355875mSvでも100mSvに及ばないと思うし、しかもそれを放射能と書いてしまうと福島はともかく他の県も風評被害を受けてしまうから。
・私も福島の立場だったら……とかいろいろ考えてAと思った。危ないと決めつけるのは自分勝手だと思う。だって福島の人が一生懸命育てているのに危ないという、印象をつけて買わないのはおかしい。自分も福島の人とか影響を受けた人を助けてあげたい。

Bの意見（放射能が気になります）
・私はやっぱりBです。なぜかというとまだ放射線がはいっていたりするので、やっぱり安心できません。これからは国内産だからといってなんでもかんでも食べないようにしたいです。

- 1年間食べても0.355875mSvしかいかないなんてびっくりした。でもやっぱり食べたくない。
- いきなり（グラフが）下がるなんて変。他の食べ物とか、死ぬまでに食べる量を考えるとやっぱり心配。

　実践を振り返ると、当時として子どもだけでなく教師や研究者にも関心の高い内容をテーマにできたことは評価できるだろう。本実践の後に、東京大学の研究者が低線量被曝について議論した内容を出版し[4]、また、家庭科ではあるが、2012年度には愛知教育大学附属中学校で「日本の魚食」の実践が行われている[5]。筆者の実践がそれほど突飛なものではないことは理解して頂けるだろう。

　しかし、2018年の状況から本実践をみると多々課題がある。一番の課題は、食料にどれほどの放射性物質が含有されているのかが具体的に明らかになってきたということ、そして米の全袋調査とその結果に象徴されるように、福島産の生産物の多くが検出限界値以下であるという事実である。つまり、2018年の状況からすれば、「500Bqの米1合を1年食べ続ける」という設定が現実味を持たないということである。

　とは言え「すべてが明らかになっている訳ではない」「検出限界値以下でも汚染されている可能性はあるのではないか」「不必要な被曝はこれ以上したくない」と考える心性は十分理解しうるものである。ただし、その心性が単なる非科学的な姿勢からくるものであれば、それは問題であろう。より多くのデータに触れ、自分の力で考え抜いて、科学的な手続きを踏まえたうえでどれほどのリスクが存在するのかを合理的に判断する、そういった視点を持った実践が必要である。

2. 2012年12月実施 「幸せをもとめて――私たちの時代」（6年生）

　翌年は、歴史学習の最後として、「経済成長のとらえ返し」と「記憶の継承」をテーマに実践を行った[6]。

　経済発展を重視する姿勢は、これまでにたびたび津波の被害に遭っている狭

険な平野部への開発を進めた。そして、そこに住む人々の生命・財産を守るために、巨大な防波堤の造成などで津波に備えた。しかし、東日本大震災の津波はそれを乗り越え、多くの被害を出した。当時の科学においては想定外だったのである。そして、当時大規模な被害を受けなかった東京湾沿岸部も基本的には東北の被災地と同様に経済成長重視の価値観で形成されてきたものであり、関東を震源とした地震が発生すれば甚大な被害が予想されるのである。

　しかし、東北にせよ東京湾沿岸にせよ、津波による被害を示し、後世への教訓となるべき記憶が残されていなかったのかと言えばそうではない。例えば各地に存在する津波碑がそれである。津波碑や過去の災害の語りなどの記憶を継承していくことの大切さを、歴史の学習に位置付けて取り組んだ。

　まず、江東区にある二つの「津波警告の碑」、船橋市の「飯盛り大仏」、市川市の「鬼越霊園」の看板を大正時代の地図上にトレースしたうえで、実はこの地図が自分たちの住む辺りの地図だったことを伝え、驚きを喚起させた。「浦安市にも津波がきていたのは初めて知った。地震が来て津波が来てもおかしくはないと思った」「もし津波が来たら流されてしまうのになぜ土地を高くしないのか疑問に思いました」という感想が見受けられた。上記の4地点よりずっと海岸よりに私たちの住む地域が存在しているのだから当然だろう。

　次の時間は岩手県宮古市にある「大津波記念碑」の読み取りと、その教えを守ったことにより命が助かった事例を紹介した。その後、学校の近くにも実は津波碑「大津波変死者之霊供養塔」があることを知り、その碑がある神社を管理している方に、その水害にまつわる話をしていただいた。

- あの記念碑（宮古の「大津波記念碑」のこと——筆者）のおかげで助かった人がいた……先人の教えは聞くべきだと思った。
- 浦安も水害などの被害を受けていて、今でもいろんな工夫をして暮らしているんだなあと思いました。

　管理されている方の親族も「一緒に行くか、行かないか」といった些細な判断が結果として命を失うか否かという結果に直面していた、といった事例を聞いて、子どもたちは自分たちの地域にもそのような事例があったということに驚きを感じていた。

本実践の成果として、「歴史の学習をふりかえって」という題で書かせたある子の感想を紹介したい。

> ・私は今まで「昔＝不幸」と考えてきましたが、今はそうは思いません。その時代のいいところや悪い所があるからです。例えば縄文時代は死んでしまう確率が高かったり不便……だけど広大な自然に囲まれてのびのびと生きてゆける。空気がきれい。だけど今はなかなか死なないし、便利……だけど空気がきたなく自然なんてほぼゼロ。温暖化というのもある。「どちらの方が絶対いい！」「この時代が一番！」というのは決められないと思いました。人々が「よりよい、便利な時代のために！」とつくったこの平成という時代でもだめな事が多いです。なのにもっと人は便利を求めます。わたしは昔のきれいな地球に一度でいいから行ってみたいです。何で科学が進んだ国なのに犯罪も消えないのかと思います。もしこのような時代から昔のような時代に戻れないのならば、それなら中途半端な科学の進み具合ではなく、しっかりと進んでほしいです。昔の方が〈幸せ〉だと思いました。中途半端だから原発がある。中途半端だから地球は救われない。

上記の子は歴史的な事実を多く学ぶことによって、自分たちの足元である現在を相対化して評価することができている。こうした認識の中に、今回の授業のような、自分たちの地域にある「経済成長重視」による課題と、「記憶の継承」を入れていくことができたのは大きな成果といえる。自分たちの住む地域にもそのような歴史があったことを知る児童の驚きは大きかった。しかし、授業自体が駆け足で進んでしまったがために、多くの子どもたちの中に実感として重く残った学習にはなりきれていなかったように感じている。

3. 2014年10月実施 「地震からくらしを守る」(4年生)

平成20年版『学習指導要領』に示されている「災害及び事故の防止」の学習の一環として展開した[7]。「地域の安全は互いに協力したりともに助け合ったりして守ること、自分も地域社会の一員として自分の命は自分で守ることが大切であることにも気付くように配慮する」[8]という自助意識の高まりを求める方針に対し、筆者は以下の2点を疑問視していた。

一つは、科学への漠然とした信頼により「想定外」という認識が生まれ、結果東日本大震災による被害を拡大させてしまったという側面があることは否定できず、そのため、自分の実感も踏まえて科学と向き合い、そのうえで防災対策を考えていく姿勢を育てなければならないのではないか、ということである。もう一つは、災害対策は市民の生命・財産を守る最重要課題であり、「いつ地震がおきても安心だ」と胸を張って主張できる市町村は現在においてはほとんどなく、共助・公助をいかに進めていくかということを追究させる必要がある、ということである。この2点を意識して学習を展開した。
　浦安市危機管理監にゲストティーチャーとして、市の災害対策について話してもらった。「その内容を家族に話して」と子どもに伝えた次の日、危機管理監の「津波は3m以上のものは来ない」という話をめぐって、次のようなやりとりがあった。

```
C1：「『よかったね』と言っていました」
C2：「『浦安市に住んでで良かった』と言っていました」
C3：「海が近くてよかった（住みやすいという意味）」
C4：「『違うでしょ？』って」
T ：「『違うでしょ』って、『津波は来る』と言ってるってこと？」
C4：「うん」
T ：「じゃあ、みんなに聞くけど、市役所の人は『来ない』と言っていたけれど、本当は来ると思っている人、どれくらいいますか？」
C ：「ハーイ」（多数）
```

　危機管理監は何度も「津波は来ない」と説明していた。それでもなお、子どもの認識としては「津波は来る」ものとして受け止められていた。本校は北側と東側が川に面しているという地理的特性のため、「津波が来ない」と言われても簡単に納得しにくい。危機管理監の話が自分たちの実感とかけ離れていたのである。
　そこで専門家である東北大学の今村文彦氏に手紙を送って検証した結果、子どもたちは「浦安市は神奈川や外房などに比べ、津波の影響は小さそうである。しかし、可能性はゼロではないから、どこに避難すればよいかを検討する

ことが大事である」という趣旨の回答を得た。

・やっぱり来るかもしれないじゃん！ 予想が当たった！ 0％ではないんだもの！ 津波のこと考えていかなくっちゃ！ いつ来るかわからないからね！ 津波がこわいことをあらためて思った。
・手紙を読んで安心していいのかダメなのかがよくわかりませんが、津波は浦安市でおきると他の県よりかは被害が小さいことがわかります。

　このように、子どもたちは自分たちが実感を伴って理解できるような答えを探そうとしたから、津波に対する備えもしなければと認識していったのである。
　この後、自主防災組織の人に来て頂き、取り組みの現状と課題について学んでいった。そこで重大な事実が明らかになる。本校には三つの地域があるが、今回話してくれた舞浜地区の防災組織だけが具体的に活動できており、残りの富士見・東野地区は、まだ具体的に動けていない状況であった。「災害に備えてボランティア（自治会）の人が会議を開いたりしていることがわかりました。備蓄はしているけれど富士見はマニュアルとか防災訓練とかしていないので、ぼくたちはどうしようと思いました」と危機感が鮮明になった。
　そこで取り組んだのが、富士見地区の避難所になる中学校の校長に、自分たちの発表を見てもらい、自主防災組織の運営を積極的にしてほしい、と訴えることだった。中学校の校長から「（地域の）防災マニュアルの作成をしていきたいと強く思いました」という返事をもらったことは、子どもたちの防災意識を高めていった。

・私たちの発表で堀江中学校の校長のＳ先生が『堀江中学校でも地域と協力していきたいと強く思いました』と書いてあったのでほっとしました。それは、もし大きな地震が来たときに、私は堀江中学校に避難するからです。……これから堀江中学校でも舞浜小学校のように避難訓練をやるなら、参加しようと思います。

この後、子どもたちは自分たちが学んだり疑問に思ったりしたことなどを市役所危機管理監に逆に提案していった。危機管理監も丁寧に返事を下さった。こういったやりとりを経て、子どもたちはまちが災害にさらに強くなっていくのだと実感をもつことができたのである。

おわりに

　ここでは、子安潤の授業論から三つの実践を分析してみたい。子安はリスク社会における教材研究は「間違いに対して、ただ一つの正しい結論を明らかにする教材研究から、複数の正しいとされる結論を探す教材研究へと発展させる必要がある」とする[9]。そして授業で心掛けることとして、「事実を可能な限り確定するように学び、判断の根拠を浮上させつつも、単一の判断を結論とはしない」ことを挙げている[10]。

　子安の授業論については、筆者も心掛けてきたつもりである。「食糧生産と私たち」の授業では「食べるか、食べないか」を子どもに委ねた。「地震からくらしを守る」における津波想定をめぐる議論についても同様である。子どもたちなりにいくつかの科学的見地に学び、選択していく姿がうかがえると思う。さらに、「食糧生産…」の授業においては、先にもふれたように、現在も続いている福島産の食糧をめぐる問題に対し、様々な角度からの事実をさらに提示していくことで、より多くの人が科学的根拠に基づいた幸せをつかみ取れるような実践にしていくことが求められるだろう。

　「はじめに」で述べた「『果たして、それでよかったのか？』と自問自答し、苦悶している」という筆者の葛藤は、子安のいう教材研究に関わってのことである。「食糧生産と私たち」の実践では、当時としては「福島産を食べるか、食べないか」に対する「答え」は混沌としており、意見の一致をほぼ見ない状況であった、と当時の筆者は認識していた。「幸せをもとめて」・「地震からくらしを守る」の実践は、「不用意に、過度に津波のリスクを煽ってしまったのではないか？」という思いに現在も駆られる。当時の筆者の関心は、「3m以上の津波は来ない、だから安全だ」という行政の主張に対する違和感にあった。市は、津波警報によって近くのマンションに避難するというある小学校の避難訓練に苦情を呈したこともあった[11]。そういう状況に対し、子安授業論

をベースにして実践したのが「地震からくらしを守る」であった。しかし、憶測だが、液状化などにより一時人口が減少していた浦安市の立場からすれば、人口増をめざすなかで「津波のリスク」を表立って説明できないという現実もあるのかもしれない。

　これらの授業実践は切実性が高い問題であるがゆえに、授業者自身の価値観・政治的立場が常に問われていくのである。だから、「複数の正しい結論」を探し出し、子どもとともに考えていくという授業構想にしても、「これでよかったのか？」という授業者としての反省の感情がつきまとう。

　しかし、筆者はこの三つの実践において、無責任な両論併記をしてきたとする意識は少なくともなかった。そして、「『正しいこと』を教えていればよい」、といった従来の授業論なら、この苦悶は決して感じることはなかっただろう。この苦悶を一小学校教員としての貴重な糧とし、これからも悩みながら実践を重ねたい。

《注》
(1) 例えば小出裕章『原発のウソ』（扶桑社新書、2011）には五つの説が紹介されている。
(2) 河田惠昭・小出裕章・坂本廣子ほか監修『放射能　地震　津波　正しく怖がる100知識』集英社、p.21、2011
(3) 中川恵一『放射線のひみつ』（コンサイス版）朝日出版社、p.16、2011
(4) 一ノ瀬正樹・伊東乾・景浦峡・児玉龍彦・島薗進・中川恵一『低線量被曝のモラル』河出書房新社、2012
(5) 芝田陽子・山田綾「放射性物質による食品汚染を語り合う授業」原子力・エネルギー教育研究会『福島第一原発事故後の現実の中で多様な価値観を認め合う教育をめざして』、2017
(6) 詳細は板垣「東京湾津波被害の歴史とリスク」坂井俊樹・竹内裕一・重松克也編『現代リスク社会にどう向きあうか』梨の木舎、2013。なお、筆者は2012年3月に異動しているため、この実践の6年生と、前の実践の5年生は別の学校の児童である。
(7) 詳細は板垣「地域の一員としての自覚を高め、防災対策に関わる態度を育てる授業」坂井俊樹監修『18歳までに育てたい力　社会科で育む「政治的教養」』学文社、2017
(8) 文部科学省『小学校学習指導要領解説社会編』（平成20年版）pp.35-36。
(9) 子安潤『リスク社会の授業づくり』白澤社、p.29、2013
(10) 子安前掲書、p.32
(11) 『朝日新聞』2011年9月30日付

第 17 章

地域問題学習としての防災学習のあり方
── 千葉県鋸南町における災害弱者をめぐる授業実践を通して

石井俊道

はじめに

　鋸南町は千葉県の南東部内房地域に位置する人口 8,000 人ほどの小さな町である。東京都心からは高速道路を使って 1 時間 30 分程度で訪れることができる。気候は温暖で、里山、里海の豊かな自然を生かした第一次産業が中心となっている。

　千葉県内における東日本大震災の被害は、旭市などの津波被害や、浦安市などの液状化被害、東葛地域における福島第一原発事故による放射能汚染の風評被害等、深刻な事態に陥った地域も多かった。一方、県南の安房地域は、計画停電などは行われたものの、大きな被害はなかった。

　しかし、鋸南町の防災における課題が皆無かと言えば、そうではない。むしろ東日本大震災を経験したことにより、その課題はより顕在化したと言える。すなわち、地域の過疎化・高齢化の問題がそれである。被災時における高齢者の救助・避難をどのようにするかという問題は、高齢化率が 40％を超える鋸南町にとって、早急に対応すべき深刻な課題として浮かび上がったのである。

　山崎憲治は、東日本大震災の被害とその後の復旧・復興の実態を踏まえ、災害の中心的要因に地域社会がもつ歴史的につくられた脆弱性の顕在化を指摘する[1]。そのうえで、「災害を一時の衝撃としてではなく、復旧・復興、予知・警報期を含め全体としてとらえなおすことが必要であり、それぞれのステージで地域がもつ弱点を把握し、その克服を問うことが課題になる」[2]という防災教育の課題を指摘する。山崎の指摘を踏まえるならば、防災学習は地域が抱える問題の学習（地域問題学習）の一環に位置づけて実践することが求められて

いると言えるだろう。

　鋸南町が抱える過疎化・高齢化という地域問題は、地域防災体制を構築するうえで避けて通れない課題である。防災学習を構想するには、単に災害から自らの命を守るにはどのようにすべきかを学習をするだけではなく、地域の現状と将来展望を考える学習を通して、子どもたちを地域形成の主体として立ち上げる実践が必要なのである。本稿は、地域問題学習としての防災教育のあり方を、実践を通して考察することを目的としている[3]。

1. 授業の実際

　本実践は5年の「自然災害を防ぐ」という単元で行った（図17-1）。本実践を構想するにあたっては、防災上の課題と地域の抱える課題を一体的に取り扱うように学習過程を構成した。具体的には、①東日本大震災を直接経験したことのない児童に切実感を持たせるため、地域における震災の歴史の掘り起こしと、丁寧な地域調査及び地図活用を通して学習するようにした。②地域防災のあり方を追究させる中で、地域が抱える問題に気づかせ、その問題構造の理解の上に立った防災対策を考えさせた。③地域の震災の歴史や地域問題の学習に

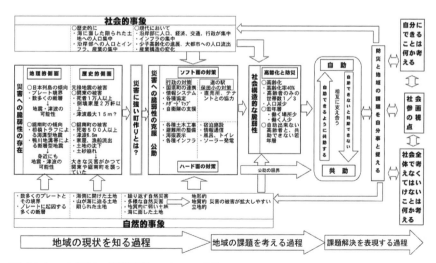

図 17-1　本単元の授業構造のイメージ図

際しては、地図や統計資料を積極的に活用し、日本・関東地方などのマクロな視点と千葉県・鋸南町などのミクロな視点を往還する構成を採った。以下、授業の展開を詳述する。

1-1　第1時「震央分布図と断層帯地図」

第1時では震央分布図と断層帯地図を活用した。まず日本周辺の震央分布図を使い、地震がどこで、どの程度起こっているかを読み取らせた。その結果、日本全国どこでも地震が起きる可能性があることと、千葉県付近でも多くの地震が発生していることが分かった。そこで、地震の原因の一つである断層帯地図（関東地方）を提示し、鋸南町は鴨川地溝帯断層に挟まれている上に、千葉県沖には相模トラフが存在することから、地震災害が発生する危険性があることを気づかせた。

1-2　第2時「元禄地震の様子——鋸南町郷土資料館学芸員への調査」

児童は東日本大震災で直接被災したわけではない。また、震災後5年近くが経過し（実践当時）、防災意識も低下していた。児童の多くは、「経験したことがない＝鋸南町には震災被害はない」と思い込んでいるようであった。そこで町の郷土資料館の学芸員にインタビューし、過去の地震災害の様子について調査した。

本時では、1703年（元禄16年）に起こった元禄地震の被害を中心に学習した。まず、関東地方全域の被害の様子を調べ、それを地図にまとめていった（図17-2）。次いで、鋸南町の被害の様子を地図に表した。

元禄地震の際、千葉県南部では広範囲にわたって土地の隆起が確認されているが、鋸南町では逆に沈降が起こったことにより土地が水没し、農民が年貢の減免申請を行った事実などを学芸員から聞くことができた。「この辺では、大きな地震などは、なかったと思っていたけれどすごく大きな地震があったことを知ってびっくりしました」という内容の感想を書いた児童が多く見られた。被災していない地域において、歴史的事実から災害の危険性を読み取らせることが、児童に切実感を持たせる第一歩となった。

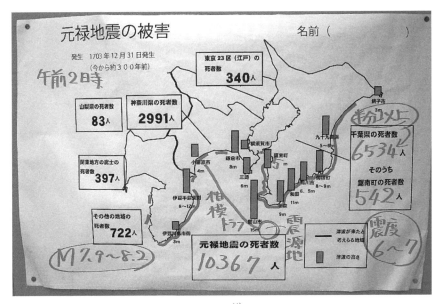

図 17-2　元禄地震の死者数と津波高の資料 [4]

1-3　課外活動「地域の海抜高度表示板調べと地図づくり」

　第2時で鋸南町には5～6mの津波が押し寄せていることを知り、現在自分たちが住んでいるところには津波が来るのかという疑問を持った児童は、地域の海抜高度表示板を調査した。具体的には、学区内の電柱等に掲示してある海抜高度表示板の海抜高度の数値を調べ、場所と海抜高度を地図上にプロットしていった。併せて、災害避難場所の位置も記録させ、それを地図に落としていった。この調査を通して、沿岸部の住宅密集地は海抜5mの範囲にすっぽりとはまっていることがわかった。

1-4　第3時「鋸南町の防災対策――鋸南町役場防災担当者への調査」

　自分たちの生活する地域に災害の危険性が存在することを知った児童は、次いで鋸南町の防災対策について調査した。児童は町役場の防災担当者へのインタビューを実施し、国や県、町がそれぞれ分担して次のような防災対策（公助）にあたっていることを調査した。

①国による防災対策：情報ネットワークの整備・海岸の防潮堤整備・自衛隊による救助
②県による防災対策：河川の改修・情報ネットワークの整備・他の市町村からの支援体制構築
③町による防災対策：避難所の指定・備蓄品の準備・災害協定の締結

　防災担当者への聞き取り調査から、こうした行政による防災対策がとられている一方で、公助を実現するには多くの予算が必要であることや、完成したからといってすぐに機能する訳ではないという厳しい現実も学んだ。さらに、鋸南町は高齢者が多く、そうした人たちの避難をどうするのかという課題も見えてきた。

1-5　第4時「道の駅の防災拠点化──鋸南町『道の駅 保田小学校』担当者への調査」

　さらに児童は、鋸南町独自の防災対策として、「道の駅 保田小学校」の防災拠点化について調査した[5]。この道の駅は、閉校になった鋸南町立保田小学校を道の駅としてリニューアルしたものであり、宿泊・産直市場・飲食・風呂・トイレ太陽光発電などの施設を追加することで、災害時の避難所として機能するように考えて作られている。

　道の駅の担当者は、東日本大震災の復興派遣で震災後の被災地へ行ったこともある方でその時の体験も含めて話してくださった。児童は、この道の駅は災害時に機能するように作ったが、災害そのものを押さえ込めないこと、災害時にここまで来ることができない高齢者にどのように対応をするかという課題があることを聞き取り、地域の抱える高齢化という問題を強く意識するようになった。

　ここまでの丁寧な地域調査や地図活用を通して、児童は自分たちの身近な地域の中にも災害の危険性があることを認識し、その危険性を減らすために様々な努力がなされているものの、その対策は完全ではなく、特に災害時に高齢者をどう避難させるかという大きな問題があることを学んだ。

1-6　第5時「鋸南町の高齢化の現状──鋸南町の保健師への調査」

　地域調査により浮かび上がった地域の抱える高齢化という問題は、防災上の課題でもあり地域の課題でもある。本時以降は、これらを相互に関連づけなが

ら学習を展開していった。第5時は、鋸南町を取り巻く社会・経済状況を六つの統計資料から読み取った[(6)]。

これらの資料からは、近年高齢者数や高齢者のみの世帯数が増加していること、町外に就労する住民が多いため高齢者の避難を支える若い人たちが常に町内にいるわけではないこと、などを読み取った。

それでは、こうした鋸南町が抱える問題は、住民の生活にどのように投影しているのか。住民、とりわけ高齢者の生活実態を知るために、鋸南町の保健師に対して聞き取り調査を実施した。保健師は高齢者の生活実態を次のように話してくれた。

「東日本大震災の時には高齢者の家を訪問していた。その高齢者は認知症のため、地震そのものを十分に理解できなかった」「デイサービスに来ていた高齢者を町の施設で一時預かり、家族に連絡が取れれば引き渡したが、近隣の福祉施設に泊まった高齢者もいた」「避難しない高齢者も多くいた。後で聞くと『長距離を歩いたり、坂を上ったりできない。自信がない』という高齢者が多くいた」「高齢者の認知症予防の一環としてポールウォーキングに取り組んでいる。また、それだけでなく高齢者の体力作り・ネットワーク作りをすることが、結果として防災にも役立つ」「高齢者が自力で逃げるのが基本だが、声をかけるなど、みなさんにできることをしてもらいたい」

授業を実施した2015年の鋸南町の高齢化率は42.9%であり、県内第2位に位置していた。こうした事実に接した児童は、次のような感想を寄せた。

「若い人をどんどんふやしていかないと、高れい者の避難がとても大変になる」「課題はとてもあるとわかった。その課題を無くすためにはとても難しいと思った。そのために高齢者に頑張ってもらうのではなく、自分たちが助けたいと思った」

こうした児童の感想からは、防災の課題と地域の課題は切っても切り離せない関係にあり、それを解決するためには、乗り越えるべき多くの課題があることを認識していることが分かる。

1-7　第6時「自助・共助・公助の在り方を考える」

　第6時では、これまでの学習を踏まえ、「災害に強い町にするために自助・共助・公助のどれを強化していけばよいか」という話し合いを行った。児童の話し合いの中では、まず公助についての意見が出た。その大半が「公助は大切だが動き始めるまでに時間がかかるなど、限界がある」という意見であった。

　残るは自助と共助のどちらを強化するか、という問題である。児童の意見は以下のようなものであった。

自助の立場	共助の立場
近所も高齢者ばかりだから、まず自分が出来ることをさがす。	高齢者の立場から考えると、自助はできないし、公助は遅い。

　防災の原則からすれば、自助が最重要であることは自明であろう。しかしながら、そうした原則だけでは対応しきれない高齢化社会の厳しい現実があることも事実である。児童は、解決のできない問題に立往生してしまったのである。

　そこで、児童は視点を変え、前時で保健師から「自分たちにできることをしてもらいたい」と言われたことから、災害時に自分たちにできることを考えはじめた。

自助の立場	共助の立場
・日頃から災害を意識して生活する ・避難所を確かめておく ・食料などを準備しておく	・近所と仲良くする ・高齢者がどこにいるか把握しておく ・高齢者でも安全に逃げられる道をさがしておく ・高齢者を散歩に誘う

　こうした話し合いを通して、児童はどのような感想を持ったのだろうか。

> A児：「自分たちにできることがとってもあるからやってみたい。でも避難所みたいにできることをやっても完ぺきにはできない。〜中略〜もっと若い人がいれば課題は少なくなると思った。」

　A児は、防災の問題と地域の問題は切り離せないものであり、その解決のためには町づくりそのものを考える必要があることに気づいている。

> B児：「近所のお年寄りに、もし大地震が来たら教えてあげようと思いました。でもパニックになってできないかもしれないので、逃げ道マップや避難に必要な物を作って見せてあげたいと思いました。」

　B児は、実際の災害を想定し、住民の避難に役立つ物は何かを考え、それを作ることを通して、自分も何かしたいという思いをもつようになっていることが分かる。
　以上のように、第1時から第4時までの「地域の現状を知る過程」で災害を自分にも関わりのあるものと感じた児童は、第5時から第6時の「地域の課題を考える過程」を通して、「自分にもできることは何か」を考えるようになった。こうした視点の獲得は、地域の一員としての自覚と責任の芽生えとして捉えることができる。

1-8　第7〜8時・課外活動「課題解決に向けた自主的な社会参画」

　こうした「自分たちにもできることがあるかも……」という意識の高まりを受けて、学習のまとめとして、児童の思いを地域に発信する学習過程を組んだ。具体的には、児童がこの学習を通して学んだことや、地域の人に伝えたいことを防災パンフレット集にまとめる学習活動である（第7〜8時）。
　児童は、元禄地震や高齢者の避難、「道の駅 保田小学校」、ポールウォーキング、町内の避難所などをテーマに防災パンフレットを作成した。当初、このパンフレットは学習過程でお世話になった地域の人々だけに配布することを想定していた。しかし、児童たちはもっと沢山の人たちに自分たちが学んだこと

写真 17-1
道の駅保田小学校の開校式で防災パンフレット集を配る様子

を伝えたいと、「道の駅 保田小学校」の「開校式」に際して、地域の人々や保護者ばかりでなく一般の来場者にも配布することを自ら企画し、実行に移していった（課外活動：写真17-1）。こうした児童の取り組みは、誰に強制されたものではない。今回の防災学習の終末における「当然の帰結としての社会参画」だったのである。

　児童の取り組みに対して、「道の駅 保田小学校」では、このパンフレットを宿泊施設の防災案内として採用することを決定してくださった。また保護者からも、地域づくりの必要性や地域の在り方を考える必要性があることを感じたなどの感想が寄せられ、児童の取り組みが高い評価を得た。

おわりに——児童が獲得したもの

　この学習を通して児童が獲得したものは何だったのだろうか。授業後の児童の作文を手がかりにその内実を考えてみたい。
　第1は、地域問題の存在の理解である。

> C児：自助も大切だし、共助も公助も大切ですが、ぼくは特に共助が大切だと思いました。そのわけは、ぼくの近所の人たちはおじいさんおばあさんがとくに多いから、近所の人に声をかけないと危ないからです。そして自分が大切という人の意見をきいて、まず、自分が助かってからじゃないと共助が出来ないことに気がつきました。

C児は、自分の生活体験をもとに防災と地域の問題を捉えている。また、それだけではなく、その解決のために自助をしっかりとしたうえで共助をする必要があるという防災の原則に気づくことができた。
　第2は、地域との関わりの重要性への気づきである。

> D児：パンフレットをさいようしてくれてうれしかったけど、まずみんなで町の人のためにいいことができてよかったです。しかし高れい者が鋸南町に多いな。自助・共助・公助をしっかりやっていかないといけない。だからさらに工夫をした方がいいと思った。

　D児は、自分たちの活動が地域の役に立ったことから、地域の一員としての自覚を獲得していることが見て取れる。また、今後のさらなる工夫の必要性を感じるなど、将来のことも見据えている。
　第3は、地域の将来像に対する展望である。

> E児：これからも未来の子どもたちのためにこわいおもいをさせたくありません。そのためにもがんばってよくします。
> F児：将来は鋸南町をもっと災害に強い町にしたいです。

　E児は、未来の子どもたちのためには今何かしなければならないという強い思いをもつようになった。一方、F児は鋸南町の将来を「災害に強い町」としている。過去の災害教訓をもとに災害の危険性を知り、現在の対策と地域の抱える問題を通して、鋸南町の将来を考えている。
　以上のように、本実践では、地域調査を通し、防災上の問題と地域の問題が密接に関わっていることに気づかせ、それに対して自分たちに何ができるかを模索する学習を行った。こうした学習を通して、児童は、①地域問題の存在、②地域との関わり、③地域の将来像という視点を獲得した。それらが一つとなり、「自分たちにもできることがあるという意識」が生まれ、それが「地域の一員としての意識」へとつながっていったと言えるだろう。

《注》
(1) 山崎憲治「復興の鍵となる災害学習——レジリアントな社会創りに向けて」『社会科教育研究 No.127』pp.1-13、2016
(2) 前掲（1）、山崎（2016：1）
(3) 本実践は 2015 年に筆者の当時の在籍校鋸南町立鋸南小学校にて行ったものである。
(4) 行谷佑一・佐竹健治・宍倉正展「南関東の上下変動から推定した 1703 年元禄関東地震と 1923 年大正関東地震の断層モデル」『活断層・古地震研究報告』No.11（2011）、『1703 元禄地震報告書』（内閣府 2013）、千葉県『東京湾沿岸海岸保全基本計画内房検討委員会資料』、『防災誌　元禄地震』（千葉県 2008）以上四つの資料を参考に筆者作成。
(5) 「道の駅　保田小学校」は 2015 年 12 月 11 日にオープンした廃校を再生した都市交流施設であり、富津館山道路に近接していることもあり、開所以来多くの利用客を集めている。
(6) 使用した資料は、①鋸南町の総人口と高齢者数の推移、②鋸南町の総世帯数と高齢者のみの世帯数の推移、③鋸南町の人口比率、④町内の事業所数と従事者数、⑤昼間人口比率、⑥阪神・淡路大震災の自助・共助・公助の比率の六つである。

第18章

東日本大震災の経験を活かしたカリキュラム・マネジメント
──静岡県における小学校社会科・総合的な学習を事例として

大宮英揮

はじめに

　これまで防災教育の実践を積み重ねてきた静岡県においても、東日本大震災が学校教育に与えた影響は大きく、改めて防災教育の在り方を見直すきっかけとなった。東日本大震災の経験は、県内において「いつか来る」と言われ続けている大規模地震を想起せざるを得ず、学校防災マニュアルを見直したり、避難訓練の在り方を修正・改善したりと、防災の点からのカリキュラム・マネジメントの必要性が叫ばれることとなった。ただ、各教科・領域における防災の視点からのカリキュラムの修正・改善は、各教員の取組に任されている場合が多く、それらの実践の蓄積・共有は、あまりなされていない状況にある。

　そこで、本章では、東日本大震災の経験を活かした小学校社会科、総合的な学習の実践事例を報告し、その成果や課題を明らかにしていくこととする。そして、東日本大震災の経験を活かしながら、各学校でのカリキュラムを修正・改善している事例を具体的に示すことで、持続的に継続・発展していく防災に関する教育実践の在り方を模索したいと考える。

1. 東日本大震災以前の教育実践

　東日本大震災発生以前からも、本県では、自分の命を自分で守るための避難訓練を定期的に行い、そのたびに予想される東海地震の恐ろしさを子どもたちに伝え続けてきた。ただ、幸いなことに、「いつ来てもおかしくない」と言われ続けてきた東海地震は、今日まで発生していない。そのために、多くの教

員は、震災時の状況や被害の様子は、東南海地震（1944）や阪神・淡路大震災（1995）での経験を語ることで地震の恐ろしさを子どもたちに伝えてきたのである。

避難訓練に特化していた県内の防災に関する教育実践に変化を与えたのは、2000年前後より段階的に導入されることとなった総合的な学習の時間（以下、

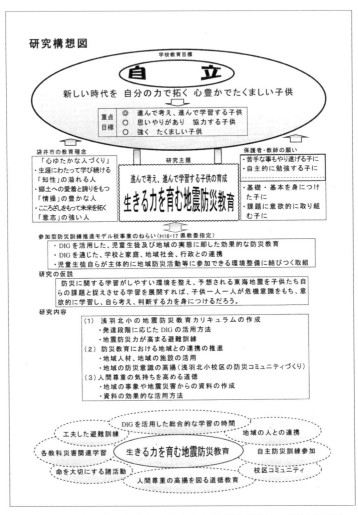

図18-1　浅羽北小「生きる力を育む地震防災教育」研修構想図

総合)の誕生であった。また、本県においては、2002年に「静岡県防災教育基本方針」が策定されたことも相まって、総合を受け皿とした防災に関する教育実践が積み重ねられていくこととなったのである。

例えば、袋井市立浅羽北小学校では、2004、2005年に静岡県教育委員会の指定を受けて、「生きる力を育む防災教育」という研究主題のもと地震防災教育カリキュラムを作成し、地域や家庭との連携を図ることで、子ども一人一人の防災意識を高める防災教育の在り方を提案した。浅羽北小における地震防災教育の研究内容は、「命を守る避難訓練」「DIG(災害図上訓練)を活用した総合的な学習の時間」「人間尊重の気持ちを高める道徳」「防災教育における地域との連携」の4点である。浅羽北小教育実践において、震災時・震災後の様子として積極的に取り上げられたのは、阪神・淡路大震災での経験である。特に、建造物の倒壊やそれに伴う火災の発生、避難生活の様子などについては、写真や映像などの資料を活用したり、震災を経験した方に話を聞いたりすることで、リアリティのある震災時・震災後の様子を子どもに示したのである。

ただ、防災教育の先進事例であった浅羽北小においても、その取組は、総合や特別活動、道徳と地震防災教育との関連を扱う場合がほとんどで、社会科で扱う事例は見られなかった。そのような中でも、DIGを用いた教育活動においては、社会科の学習において身に付けた地図活用の技能が生かされていたといえるだろう。具体的には、身近な地域の地図を活用して危険な所や安全に関わる施設の位置を読み取る、地震危険度マップと液状化危険マップを重ねることでそれらの関連性を明らかにする、グループで地域での避難の仕方について話し合ったことを地図に表してまとめるなど、各学年の地図活用の能力に合わせた取組が位置付けられていた。

2. 東日本大震災以後の教育実践

2-1 社会科第3学年「未来に残したいもの 伝えたいもの」(2014年)

東日本大震災以後、社会科において「防災」を取り上げた事例として袋井市立袋井北小学校第3学年での社会科の実践を報告する。

本実践では、袋井市指定の文化財ともなっている江戸時代に地域の人々の手によって築かれた「命山(いのちやま)」を取り上げた。命山は、台風による高潮や津波、洪

写真18-1　江戸時代に造られた命山

水で地域が浸水したときに、住民が緊急避難をするために作られた人工の高台である。

　命山を教材として取り上げた理由としては、東日本大震災の経験を契機として、津波からの防災教育の必要性が高まったこと、「つなみてんでんこ」などの昔の人々の願いや知恵を伝承することが人々の命を守ることにつながり命山の価値も再評価されたこと、津波からのハード面の設備として「平成の命山」の建設が計画されたことなどを挙げることができる。

　単元の導入では、江戸時代の命山の写真を提示し、「これは一体なんだろう」と投げ掛けた。どの子どもも、命山の存在は知らず、「公園の遊び場」「昔の建物の跡」などと自分なりの予想を立てていた。次に、「命山」と呼ばれていることや袋井市の沿岸部に位置することを伝えると、子どもたちは、「津波から避難するための場所だろう」「周りの建物と比べると、小さすぎてみんなを助けることはできないと思う」という考えをもった。このような子どもの発言は、命山と東日本大震災の経験とを関連づけてとらえている表れであるといえる。

　その後、「今は使いそうもない命山を地域の人々はなぜ残したままにしているのか」という学習課題を設定し、調査活動（実際に命山に登る、郷土資料館にある命山建設時のジオラマを見る、郷土資料館の方の話を聞くなど）を行った。調査活動を終えて、学校へと戻る途中に、ある子どもが、「命山運送車」と書かれた何台もの大型トラックが往復していることに気付いた。そして、トラックの行き先をたどることで、江戸時代に築かれた命山と比べものにならないほど大きな「平成の命山」の建設現場を目の当たりにしたのである。

　後日、子どもたちは、平成の命山が作られることになった理由について、新聞記事やインターネットなどを使って調べた。ある子は、学習のまとめとし

写真18-2　命山運搬車、命山の建設の様子

て、「東日本大震災があったから、命山のことを知っている人が、もっとたくさんの人の命を守ろうと平成の命山を作ろうと考えたのでないか」と自分なりの考えを表すことができた。

現在、この地区では、津波を想定して「平成の命山」へ避難する訓練が定期的に地域住民の手によって行われている。「命を守る」という昔の人々の願いが、東日本大震災を契機として、将来に受け継がれていった事例であるといえるだろう。

2-2　総合第4学年「避難生活を体験しよう」（2012年）

静岡大学教育学部附属浜松小学校では、東日本大震災の経験を契機として、総合のカリキュラムを修正・改善し、第4学年の学習内容として「防災」を中心に位置づけた。このことは、「防災」が児童にとって身近な事例であるとともに、解決の糸口を見いだしにくい現代的課題であるために、総合で取り扱う学習対象として適合したことを意味する。

1学期は、地震から自分の命を守るためにどんなことができるかを考えて行動に移す、という学習活動を行った。その活動において、ある子が、「地震が起きたときに備えて、避難生活体験をしたほうがよい」と考え、東日本大震災での避難生活の様子を調べて、避難生活ではどんな困難があるか、みんなのためにどのように役立つことができるかをリストアップした。

2学期は、避難生活体験の想定を考えた子どもの計画を全体で共有し、必要な役割を分担して、体育館に一泊する避難生活体験を行うこととした。避難所設営班や救護班、運搬班、食事班、トイレ班など、東日本大震災での避難所

写真18-3　メッセージを書き込む児童

の様子を調べて、どのように行動したらよいか、どんな物が使えるか、どんなことができるようになるとよいかと考え、何度もシミュレーションを行って、避難生活体験当日を迎えた。実際に、避難生活体験が始まると、想定した役割に分かれながらも、次第に状況に応じて「できる人ができることを行う」という臨機応変な対応へと子どもの動きが変わっていった。一人当たりの配給の量や寝る場所の配置などを最初は大声で伝えていた子どもたちも、実際の避難所では掲示板に連絡内容を書き出していたことを思い出し、ホワイトボードを用意して全体で共有したい内容をメッセージとして書き出してもらうように呼び掛けた。その日の夜には、お笑い芸人や音楽隊が避難所に慰問に来たという設定のもと、賑やかに過ごした。これらも、子ども自身が想定し、準備した設定である。

　このように、「防災」という学習テーマは、教師側から与えたものの、子どもたちが自分なりに課題意識をもち、活動内容を広げたり、深めていったりすることができた。このような学びを可能にした要因としては、子どもたちの防災意識が高かったことに加えて、東日本大震災が起きた直後で、依然としてリアルな避難生活や被害の状況が日常的にメディアを通じて放送されていたという当時の状況も考慮に入れる必要があろう。

2-3　第5学年「命を守れる人になろう」の実践（2015年）

　東日本大震災以後、社会科で身に付けることをねらう地図活用技能を生かした総合の学習活動の事例として、袋井市立袋井北小学校第5学年の実践を報告する。本実践は、前述の東日本大震災以前に実施された浅羽北小学校でのDIG（災害図上訓練）を活用した実践を発展させて援用した取組である。

　児童は、「地域で地震が起きたときにはどのように対応したらよいか」「学校のみんなの命を守るためにはどのような訓練をしたらよいか」「地震後に避

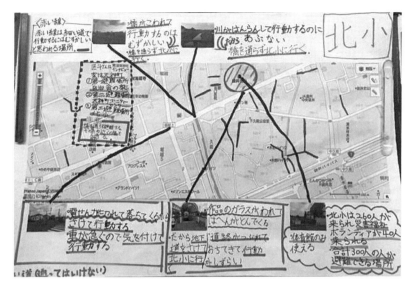

写真18-4　避難所までの避難経路や危険箇所をまとめた地図

難所で自分ができることは何か」「備蓄品としてどんな物を用意したらよいか」など、様々な課題を個々に設定した。そして、四つのグループに分けて、学級単位ではなくグループごとに活動を深めていくこととした。

「危険箇所マップづくり」グループでは、まず、グループ全体で自分の課題を解決するためにはどのような活動が必要かを確認した。そして、校内と地域を見て周ることで、危険箇所を地図に表し、学校や地域の人に伝える、という共通の課題を設定した。地域調査に当たっては、どの辺りの地域を見て回ることがよいかを話し合った。子どもたちは、地震危険度マップや水害危険マップや液状化危険マップ、土砂崩れ危険マップ、昔の地形図などをもとに、自分の目で確かめたい地域を絞り込み、調査のコースを設定した。また、調査に当たっては、専門の方の話もお聞きしたいとの意見が出たために、1学期の始めに話を聞いた袋井市災害ボランティアの方にも引率していただく計画を立てた。

実際の地域調査では、様々な地図の中から自分が特に調べたいことと関連する地図を選択し、地図と実際の様子を比べながら追究活動を行った。子どもは、それぞれのもつ地図を見比べて話し合いながら地域の様子を調べること

で、「昔の川の跡があるところは地盤が弱いだろう」「土地の低いところは、水害の危険が大きい」などと、様々な発見や疑問をもつことができた。調査活動後にそのような気付きを共有し、危険箇所マップにまとめることができた。

「避難の仕方」グループでは、DIG（災害図上訓練）の手法を取り入れて、地震時の校内での避難訓練の見直し・提案と、地域での避難所までのよりよい避難の仕方の提案をしていくことを共通の目的として活動に取り組んだ。

避難訓練について見直す活動では、その場にいたときにどのように行動するか、どのようなルートをたどって避難するかを校内地図をもとに検討した。地図上でよりよい避難の仕方について話し合った後に、実際にその場所の様子を確かめて分かったことを地図に書き入れていった。子どもは、「地震の起きる時間帯によって避難のルートが変わってくるのではないか」「このルートをたどると、下の階から避難する人と重なってしまう。もっとよいルートはないか」などと、校内地図と実際の様子を確かめて、よりよい避難方法を地図に記し、避難訓練の仕方を提案することができた。

地域での避難の仕方を考える際にも、DIGの手法を用いた。子どもは、校区の大きな地図を囲み、避難所の位置を確認したうえで、様々なポイントから

「あ、地震だ」「こわいよ～」
「ブロック塀のないところで、頭を隠すんだ」
「どこに避難すればいいんだろう」
「ここからは◇◇高校が近いね」
「だめだよ。この地区の避難場所は、○○幼稚園。ちょっと遠くても決まった避難所に避難しないと、みんなの安全を確かめられないよ」
「避難所の○○幼稚園まで一番近い道を通りたいけど、液状化で通れないよ」
「こっちを通ると安全だよ」
「ちょっと待って。そっちの道は、○○神社の山が土砂崩れを起こすかも知れないよ。もっと安全な道を探そう」

作成した地図をもとに物語を作成

図18-2　地図を活用したラジオドラマの発表会

どのように避難することがよいかを話し合った。地域調査では、「地図ではこの道がよいと思ったけど、思ったより道が狭くて、ブロック塀が倒れてきそうで危険だ」「病院の方に聞いたらボランティアセンターになることが分かった。避難後に役立つと思うから地図に描いておこう」などと、新たな気付きを生み出すことができた。調査後は、避難所ごとに、避難の仕方を地図にまとめて、紹介する活動を行った。

これまで課題追究してきたことを友達や地域、家族、全校に発信する表現方法として、特に伝えたいことを内容に含めてラジオドラマにまとめる活動を取り入れた。ラジオドラマづくりは、友達と2〜5人程度のグループを作り、これまで学習してきたことをもとに特に伝えたい内容を絞り込む、国語科で学習した物語の構成の仕方の工夫を生かして物語を書く、できあがった物語を工夫して朗読する、という手順で進めた。

登校中に地震が起きたという設定でラジオドラマを作ったグループは、土砂崩れマップや地形図などを関連付けながら地域調査をしたことを踏まえて、土砂崩れに遭遇したときの対応や、いかに高い土地へと逃げていくかを考えた。地域調査で活用した地図を見ながら友達と話し合うことで、学区を舞台としたラジオドラマを作成することができた。

このように、地図を活用して調べたり、まとめたりしたことをもとに、ラジオドラマを作り上げていくことで、学校や地域に根ざしたリアリティのある物語を作り上げることができた。

おわりに

静岡県においては、避難訓練を中心とした防災教育実践において、「自分の命は自分で守る」という言葉に表される「自助」の精神を子どもに持たせることを大切にしてきた。そのような状況において、東日本大震災が発生し、「絆」という言葉に代表されるような助け合いの精神がクローズアップされるようになったことで、本県の防災に関する教育実践においても、「自助」に加えて「共助」「公助」の視点が強調されるようになったのではないかと考える。

社会科の命山を教材化した事例では、江戸時代に築かれた命山のもつ地域コミュニティによる「共助」の視点に加え、「平成の命山」という「公助」の視

点も踏まえてとらえることができた。また、総合の事例では、「自助」からスタートした学習活動が「共助」を前提とした取組へとつながっていった。また、地図を積極的に活用することで、学校や地域に根ざした「自助」や「共助」の在り方について課題追究を深めることができた。

　以上のことを踏まえると、「東日本大震災」という共通項をもとに、公民的資質を養う社会科の学びと、自らの生き方について考える総合の学びとを関連させることで、「自助・共助・公助」の視点をバランスよく取り入れた防災に関する教育実践を生み出すことができるのではないか、という仮説を立てることができる。東日本大震災の経験を風化させないためにも、各教科・領域を一体化させたカリキュラムを創出していくことが求められるように思われるが、この点については今後の課題としたい。

第Ⅷ部

被災地復興と社会の防災に対する社会科教育の役割

第19章

東日本大震災前後の防災活動の特徴とその変化

宮城豊彦

はじめに

　東北の宮城というこの土地に暮らす私たちにとっては、2011年の東日本大震災とともに、その3年前に発生した2008年岩手宮城内陸地震も同じように決して忘れることのできない地震災害である。さらに言えば1978年の宮城沖地震も同じだ。三つの地震災害を体験して共通しているのは地域住民自体が育む地域力、例えば「地域の災害脆弱性や強みをどう理解し普段の生活力とするのか」と「災害に相応した対応力とは何か、それをどう身に付けられるか」に対する複雑な思いだ。

　筆者は大震災以前から、近隣数地区の自主防災組織とともに地区の防災・避難マップを作り、避難訓練を実施している。この経過を紹介することが防災教育の勘所を見出すことにつながるのではないかと強く意識するようになった。災害の記憶を忘れえぬものとなし、「防災」を声高に叫ぶことには大きな意義があると思うが、直近の巨大災害に隠れた他の災害は急速に風化してしまうことも現実である。災害の記憶は忘却されるものであれば、災害を蒙る地域では自然に災害を避ける生活をどのように育むかを企図すべきではないか。自らが災害を回避する見識を養う縁として、多彩な側面をもつ社会（地域）の実際を対象とする社会科という科目（アプローチ）は被災を回避するためにも、復興のためにも意識的に構築される意義をもつと考えている（図19-1）。

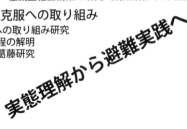

図 19-1　災害の克服を自らが行うための 3 段階とその土台となる研究項目

1. 2011 年の巨大地震直前

　今年は 1978 年の宮城沖地震から 40 周年だ。宮城県では、東日本大震災以前から宮城沖地震が何時来ても不思議ではないと言われていた。政府の地震調査研究推進本部（推本）による宮城県沖地震発生の長期評価では、2010 年 1 月 1 日を起点として、10 年以内の発生確率は 70％程度、30 年以内は 99％と公表されていた。当然ながら、自治体・メディア・大学・地域・学校・家庭では様々な取り組みが行われていた。「近い将来、高い確率で発生が予測される宮城県沖地震……」というフレーズで始まる様々な啓発が頻繁になされていた。多くの家々でも発災時に備えた話し合いや備えを行い、防災の意識は高かったと思う。

　筆者自身も各地で防災啓発の講演やワークショップなどの取り組みを進めていた。ちなみに、2010 年 11 月には居住地である七ヶ浜町において「宮城県沖地震と地盤災害を知る・備える」と題する講演を行い、12 月 10 日には津波襲来対応を想定して、ある地区で 5 年前から繰り返していた一時避難場所の再認定や地区避難マップの改訂版作成と各戸配布を進めていた。

　数百戸程度の規模の沿岸地区においては、GIS による防災・避難マップを作る作業はかなり容易で、改訂版を作るとなるとものの数時間でなしえる作業で

ある。地区では避難訓練を毎年繰り返していたが、そのたびに改訂版の避難マップを持ち寄り、「ここに逃げたら本当に大丈夫なのかね」と話し合った。そのため、避難マップの修正は頻繁なものとなった。

　避難マップをつくる過程で生じる印象的なシーンがある。地区の役員たち（多くは高齢者だ）と避難マップ作りをする。初めは「何をしてくれるのか？」と興味深くも怪訝な面持ちだ。しかし、地区の様子を判り易く示した大縮尺の紙地図を机上に示すとメンバーの眼差しはキラキラしたものとなり、勝手に会話が始まる。そこでGISの登場だ。スクリーンに紙地図と同じものを映す。議論の過程で浮かび上がった個別情報の表示や加筆がスクリーン上で始まる。スクリーンを用いての加筆・修正・表示は、やがて何処に誰が、どのように避難するのかにまで及ぶ。地域住民自らの議論が防災・避難マップを作り上げるのである。その時点で私たちはGISというシステムの部品になっている。何しろ高齢者は地区のことをよく知っている。その場で、防災マップの詳細イメージ・現場を検証・避難訓練実施の段取りまでが明確化する。避難訓練に先立って「おらほの防災マップ」が各戸に配布される。住民の参加率は高くなる。

2. 2011年3月11日発災時

　そして東日本大震災と巨大津波が地域を襲った。地区防災マップを作成していた地区では、それぞれの避難体制が明確化されていたために、多くの住民はいち早く一時避難場所に避難した。現実の避難に際しては沢山の困難に直面してもいた。逆行する車による避難の滞り、俺は避難しないと言う方々、避難したのに引き返す人などなど。

　以後、七ヶ浜町花淵浜地区について記載する。ここでは、宮城県沖地震による津波襲来予測に基づいて設定していた一時避難場所12カ所のうち4カ所が浸水した。言うまでもなく想定をはるかに超える津波に見舞われたからである。しかしながら、これらの浸水した箇所に留まっていた住民は一人もなかった。一端そこに避難した住民らはお互いに図って、より高台の避難場所に2次避難を行っていたのである。また、これも言うまでもないことだが、各戸に配布していた避難マップを見て逃げた人などはいなかった。頭の中に

図 19-2　震災 3 カ月前に全戸配布した地区防災避難マップ

しっかり入っていたのだろう。その中には「一時避難場所はお寺の本堂であったのに、2次避難は高台のお墓へ」というものもあった。当日は吹雪交じりで寒く、高齢者には酷であったが、本堂でホッとして暖をとっていた避難民に移動を促したのは地区の防災リーダーだった。「もしかすると、この津波は想定よりも大きいかもしれない、ここは海抜 3.3m です。寒い中で済みませんが、この際もう一段高い場所に移動することに協力してくれませんか？」との声に「亨君が言うのじゃ仕方ねえな！」と応じて海抜 10m 以上の高台の広場に移動した。寒空の野外で一夜を過ごし、翌日自衛隊のヘリで全員無事指定避難所にたどり着くこととなった（図 19-2）。

3. 発災直後

　当然ながら地区民の犠牲者はあった。一方で地区での防災活動は「俺たちは助かったのだ！」という認識を芽生えさせた節がある。避難所に集まった人々は次の手を打つ。先ずは安否確認、地区関係者以外の出入り制限、避難物資の

確保・分配、地区情報の共有などの営みを翌日から始めている。地区での対応は「地区の対応100日の記録」として冊子にまとめてある。

4. 現在

　震災で大きな破壊を蒙った地区は、再建に向けて多くの取り組みが続いている。地区は復興計画に従って、土地利用計画が新たに作成された。その中で居住が制限されるレッドゾーン、イエローゾーン、現地再建が可能なグリンゾーンに区分された。レッドゾーンでは業務系の構造物設置は可能であり、避難タワーの役目も兼ねた漁協ビル、海の駅などの施設が復興の雰囲気を滲ませている。一方でこのゾーンに居住していた住民の一部は町を去り、多くは防災集団移転により新しい団地（笹山地区）や町営住宅に移り住んだ。これらの新居住地や地区の避難拠点は、盛り土地を避けて立地し、津波浸水域よりも高台にあることは言うまでもない。

　震災から6年を過ぎ、町は復興10年計画の後半にある。即ち前半が復旧の5年であれば後半の今は地域復興の5年にあたる。地域を挙げて幾多の課題を引きずりながらも災害に強い町づくりを推進している。災害に強い町づくりの中で土地利用計画の策定、これに基づく移転地・地区避難所・発災時避難路・町の災害対応拠点などの施設整備は進んだ。一方で町の沿岸各地に発生したレッドゾーンの利用計画の進捗は捗々しくない。土地利用の骨格が変わることになり、それが地区住民の生活向上にどう役立つかは未知数だ。もっと差し迫った課題もある。住み慣れた地区を離れて町営住宅に移り住んだ人々のコミュニティーへの復帰だ。被災者はいったん仮設住宅などで数年を過ごした。この段階でも隣近所の付き合いは薄れた。それが更に、地区ごとに計画されたとはいえ、一人暮らしの高齢者が此処に移り、今度はあっちに移りを繰り返してきた。孤立を深めるのも頷ける。各地区は昨年から新たな地域づくりを始めている。

5. 震災後の防災活動

　特に津波災害では多くの地区が「高台に逃げれば助かる！」という当たり前

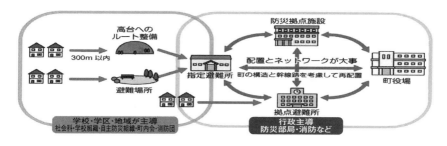

図 19-3　自らが助かる避難行動を構築するための学校・地域と行政の役割分担

の事実を強く再認識させられた。同時にこの当たり前のことを実現することの難しさも思い知らされた。町の防災・避難計画では、丘陵状の半島であるという町の地形特性を生かして、丘―浜連携、沿岸被災地区をホスト地区とした地区間交流イベントなども始まっている。斜面災害時は浜が助けるし、海の災害時には丘が手を差し伸べるのである。先に紹介した花淵浜地区では、被災後の地区防災・避難マップの改訂作業を進めている。私たちは特に何も変わらない。誰もが津波を避けた土地利用を受け入れ、災害発災をいち早く知りそれを周りに伝え、避難する仕組みの構築に腐心している。

おわりに

　日本は世界有数の災害が多発する国である。災害を克服しながら生きることは多くの人の半ば共通理解になっているように思う。2011 年の東日本大震災と津波では 2 万人に達するほどの犠牲者が記録されたが、しかしその数は、2004 年のインド洋大津波での犠牲者に比べれば 10 分の 1 程度である。敢えて言えば、営々として取り組んできた防災事業はそれなりの効果があったと言える。しかしながら、より小さな各地区での被災状況を見てみると、そこには大きな地域差が存在することも事実である。

　さて、防災を実現するには、その前提に災害発生予測が高精度で達成できることがあり、同時に予測を超える規模の出来事には即応できないという暗黙の了解がある。端的な例を挙げれば、防潮堤を津波が超えれば、防潮堤は破壊される。地域が試みていた防災・減災の取り組みは詳細な津波高などのデータ

を踏まえつつも、「万が一のために更に高台に避難する！」行動が実行された。ここには防災学のシナリオとは異なる「地域を知る」ことの重要性が隠されているように思われる。日本では多種多様な災害が発生するが、地域単位では注目すべき災害は限られる。沿岸であれば津波であり、一部には急傾斜地のような避けるべき箇所もある。ここで強調しておくべきことがある。いち早く高台に避難することが津波を避ける要諦であり、精緻なシミュレーションの結果を踏まえて丁度良い避難を実行することではない。津波が予想されれば少しでも高台に移動できるよう行動すべきだ。地域住民は各自が置かれている災害脆弱性を踏まえて自力で避難できるようになることを促すことが地域でも防災教育活動の要諦であろう。

　本章のタイトルにある「特徴と変化」だが、地域での変化といえば、以前に増して地域活動が活発になっていることぐらいだ。一方でメディアは、あんなに頻繁に発していた切迫する宮城県沖地震発生の啓蒙は消滅し、震災の後処理に主眼がある。一方で警戒すべき次の大津波や地震への呼びかけも影を潜めた。

第20章

社会科は大規模自然災害にどう向き合うのか

大澤克美

はじめに

　本書の授業実践からもわかるように防災・復興教育は、地域の現在と過去に基づき、そこ生きる人々の生命、生活、環境を守るまちづくりと、それに取り組む人々の想いや働き、さらには地域社会の改善、創生について考え、未来に向け自らも実践・参画する学習を中核としている。公民としての資質・能力の育成をめざす社会系教科目（以下社会科）にとって、防災・復興という地域の社会的事象は重要な学習対象であり、多くの場合子どもたちにとっても当事者として主体性や協働性を発揮しやすい学習対象である。

　阪神・淡路及び東日本大震災以降、その被害の大きさと複雑な状況に戸惑いながらもそれを乗り越え、防災の面からこれからの社会を見つめようとする授業実践が、被災地はもとより、被災の現実と経験に学ぼうとする各地で行われるようになった。地震に限らず地球温暖化のためか、台風、集中豪雨による風水害や、大雪による雪害等が毎年のように起こっているため、大規模自然災害に対する各地域の防災教育の充実は喫緊の課題となっている。

　とはいえ社会科で、地域調査や校外の人々との交流・協議等々の時間を確保して防災・復興学習に取り組もうとすると授業時数が足りないため、総合的な学習などと組み合わせた授業計画が必要となる。そのため被災地を除くと、継続的・発展的に教育課程へ位置付けにくいといった状況もあった。

　2017年の学習指導要領の改訂では、「社会に開かれた教育課程」の実現をめざすとして、学校教育を通して社会を創るという理念を学校と社会が共有し、子どもたちが地域社会との繋がり中で学習するという方向性が示された。災害

等を乗り越え、次代の社会を形成するために必要な資質・能力を教科横断的に育成できるよう各学校の特色を生かした教育課程を編成することも示され、教育課程については、資質・能力がバランスよく育まれるよう教科等間及び学校等段階間の接続を図ると記されている。

　これらを踏まえて防災・復興教育の改善・充実を考えると、子どもや地域の実態を考慮しつつ、地域社会と連携して教育課程における社会科と他教科等との連携・合科、総合単元化など、防災・復興学習の多様な位置づけを検討したり、近隣の小学校と中学校が連携して防災・復興学習の発展を図ったりするなど、新たな学びの可能性を追究することが期待される。今後、防災・復興教育には、キャリア教育の充実といった側面を含めて、学校が地域社会の改善や創生に寄与し、共に発展していく存在となるための重要な相互理解と学びの場、拠り所になっていくことが求められよう。

　防災教育は全国で実施される教育であり、復興教育は大規模災害の被災地で防災も含めて行われる復旧やまちづくりに関する教育である。復興の意味が多様であることは確かであるが、拙稿では暫定的に大規模自然災害に向き合う教育を総括する表記として「防災・復興教育」を使うこととする。

1. 2017年度版小・中学習指導要領に見る防災・復興学習の扱い

　今回の社会科学習指導要領の改訂で、防災・復興教育に関わる学習がどのように位置づけられたのか、各学年・分野の内容項目に着目して概観してみたい。なお、今まで以上に学習指導要領の記述量が増えているので、記載内容を要約して示し、特徴や要点、関連・発展等について「＊」で付記する。

〈防災・復興教育に関連する小学校の内容項目〉
3年：(3) 地域の安全を守る働き
　○火災や事故に対処する消防や警察など関係機関の相互連携体制、関係機関と地域住民が協力した災害防止
　＊防災教育の基礎となる日頃の備えの重要性、関係機関の連携体制、自己を含めた住民の参加・協力の必要性についての基礎的理解を図る学習
4年：(3) 自然災害から人々を守る活動

○自然災害に対する地域の行政・諸機関や住民の協力的対処と今後の備え
　　＊過去に発生した自然災害への対処、市役所と県庁・自衛隊等の協力、防災
　　　情報の発信、避難体制の確保等、火災から大規模自然災害の学習へと発展
５年：(5) 我が国の国土の自然環境と国民生活の関わり
　　○国土の自然条件と関連した自然災害、国民生活を守る国や県の対策や事業
　　＊現行（4）情報関連単元が「産業と情報の関わり」に変更され、選択とされていた防災の情報ネットワークは、中学校公民的分野Ａ(1)の内容へと移行
６年：(1) 我が国の政治の働き
　　○憲法の考え方、三権の役割、国民生活の安定と向上を図る国や県等の政治
　　＊政治の選択事例に「自然災害からの復旧や復興」「地域の開発や活性化」が示されるが、関係者の意見・利害対立等をどう扱うかなどが課題

　小学校では３年から５年まで、対象とする地域を広げて防災学習を発展的に展開し、６年では地域に応じて復旧や復興を取り上げた学習ができる構造となっている。ただ、学級担任制の小学校ではともすると教科学習の計画を学年ごとに考えがちになるため、防災・復興学習の関連や発展を明確にした学校カリキュラムとその継続的なマネジメントが重要となってくる。

〈防災・復興教育に関連する中学校の内容項目〉
地理：Ｃ(1) 地域調査の手法
　　○防災等を地域課題とした調査の方法、地図等を活用したまとめと発表方法
　　＊「(3) 日本の諸地域」「(4) 地域の在り方」との関連付けが可能。小学校の学習を生かし、防災の設備や意識等の調査結果を考察・表現して報告
地理：Ｃ(2) 日本の地域的特色と地域区分
　　○設定項目①自然環境：気候・地形や海に囲まれた国土の特色、自然災害と防災への取組などから見た日本の自然環境の特色
　　＊これまでの自地域の災害と防災に対する学習を生かし、日本の自然災害と防災から見た地域間の共通点や相違点等を関連的・多面的に考察・表現
地理：Ｃ(4) 地域の在り方
　　○地域の実態や課題解決の取組、地域の結び付きや変容、地域の持続可能性

＊「(1) 地域調査」「(3) 日本の諸地域」と関連付け可能。防災・復興を取り上げれば、その取組における課題の把握、解決へ向けた議論等が可能
歴史：A (2) 身近な地域の歴史
　　○自地域の歴史（伝統・文化、時代背景・地域環境）、歴史と自分とのつながり
　　＊適時 B、C の学習との関連を意図。防災・復興に着目すれば史資料に見る過去の災害と安全を願う住民の取組や伝承・文化等、地域の防災史も可能
公民：A (1) 私たちが生きる現代社会と文化の特色
　　○「情報化」の現実と影響、災害時の防災情報の発信・活用などの具体例
　　＊安全・減災に役立つ多様な情報の発信・活用と、その課題や改善策を検討
公民：B (1) 市場の働きと経済
　　○（対立と合意、効率と公正などに着目した）経済活動、市場経済、生産・金融の仕組みや働き、勤労の権利と義務、労働組合の意義等々
　　＊復興に関わる企業再生や社会的企業の起業、クラウドファンディング等の利用による資金の調達・循環などから投資の社会的な意味を検討
　　○対立と合意、希少性などに着目して、社会資本の整備、環境保全、社会保障、財政及び租税等の意義や納税の義務を多面的に考察
　　＊多様な意見・立場と予算的制約を前提に、防災・復興の在り方を検討
公民：C (2) 民主政治と政治参加
　　○（対立と合意、個人の尊重と法の支配などに着目した）住民の権利や義務など地方自治の考え方、民主政治の推進と政治参加による自治意識等
　　＊復興・防災に見る社会的弱者の多様性と、その人権、諸権利を尊重する政治及び社会に求められる主権者意識、自治意識についての検討

　中学校では、公民的分野「B (2) 国民の生活と政府の役割」などでも財政と租税などとの関連で防災・復興の事例を扱うことが可能であろう。
　全体的に見ると、小学校では地域学習、中学校では地理的分野を中心に発展的に復興・防災学習の充実を図ろうとしていることがわかる。今後は、地域や子どもの状況を踏まえ、学年と分野、学校種を超える内容的な関連と発展を意識しつつ、発達に即した展開を考慮した単元設定と、学校さらには地域のカリキュラム作成が課題となる。
　また、「社会に開かれた教育課程」を実現する一つの鍵となる防災・復興学

習を進めるに当たっては、教室・学校と社会を繋いだ追究・議論が重要である。特に地域住民、まちづくりに関わるNPO等の団体、企業、行政等との連携によるコミュニケーション、地域での交流や体験活動を重視して、主体的・対話的で深い学びを具現化することが社会科教育に期待されている。

2. 被災地における防災・復興教育と社会科教育の展開

2-1 総合的な学習の実践に探る社会科防災・復興学習の充実

　先行実践を見ると、被災地で行う防災・復興学習では、地域や子どもの状況に配慮しつつ、学習者の被災・支援体験を活用する、または保護者や地域住民の同様の体験等に学びつつ、防災や復興について考える学習が多い。ここではその一つとして、「わが街再発見ワークショップ（防災編）」（日本災害救援ボランティアネットワーク）に基づき、災害に備える事前の防災マップづくりをアレンジした石巻市立鹿角小学校4年の「復興学習」[1]の実践を取り上げ、その特長や社会科との関連について検討してみる。

〈本学習の基本コンセプト〉（目標設定により上学年でも実施可能）
○地震と津波から立ち直りつつある鹿妻の復興の様子をまち歩きにより確認し、子どもたちが被災の経験と向き合い、復興プロセスに主体的にかかわるきっかけをつくること
○地震と津波からの鹿妻の復興の記録を残し、これからも続く鹿妻の復興活動や、広く日本や世界の人々の今後の防災活動に役立たせること

〈主な学習の流れ〉（年間30～50時間、学区全域を12グループで調査）
　オリエンテーション → 第1回まち歩き → 情報整理・情報カードづくり → 第2回まち歩き → 情報整理・情報カードづくり → 地域・家庭でのインタビュー → 復興マップづくり → 学年発表会・地域向け発表会 → 3年生向け・5年生向け発表会 → 学習のまとめ

　担任と学習支援者の協議で進めるこの学習は、地域の状況の時間的変化を子どもたちが定期的に把握するモニタリングを重視している。情報整理（調査の

記録とその分類）では、状況により復興マップに貼るシールや情報カードの色が決まっている。実際にはア：震災の前にはなかったもので震災の後に新しくできたもの（青）、イ：震災の前からあったもので被害をうけたがこれまでに直されたもの（緑）、ウ：いま建設中、修理中のもの（黄）、エ：復興準備中のところ（がれきがなくなったさら地は復興のスタート）（橙）、オ：危険や不安に思う場所やもの（赤）、カ：その他、特に気づいた場所やもの（楽しい、きれい、自慢できる場所やもの）（金）などである。これにより、例えば青・緑が多いと復興が進展しており、橙・赤が多いと復興が停滞していることが一目で把握できる。

　地域の調査地点は、子どもたちが自由に決めるが、それに加えて各グループには、以前から継続的に調査してきたモニタリングポストが定められている。モニタリングポストについては、前年の写真とその解説、地図での位置情報が提供され、1年前からの状況の変化を確認することになっている。もし施設などが修理や新たな建設により変化していれば、前年の（赤）や（黄）のシールが（緑）や（青）になるが、昨年と同じく（黄）のままの場合もある。毎年の取り組みで蓄積された復興マップと比較することから、復興の様子を考察し、まちの経年変化や進捗状況を把握できる。

　また、まち歩きでは地域住民や事業主に対する聞き取り調査を行い、聞いたことはインタビューカードにまとめる。聞き取りは、個々の被災に関する体験やその後の状況を聞きその取り組みに学ぶだけでなく、子どもたちが地域の大人からの期待に気づき、自分たちが復興に役立つという実感を得る場ともなっており、地域社会で自己実現をする機会にもなっているという。

　この学習のもう一つの特長は、学年発表会・地域向け発表会で自分たちの成果や課題を見直す、あるいは達成感を味わうだけでなく、上下の学年向け発表会で昨年学習した5年生と想いや課題を共有したり、3年生に体験を語って来年の学習への見通しと意欲を持たせたりしている点であろう。防災・復興学習を主体的・対話的で深い学びにしていくためには、地域に出て現状を観察することや人々と直接語り合うことが不可欠であり、それは学校と地域が連携したよりよい社会の創出とも軸を一つにするものである。

　被災地では、本実践のみならず社会科と総合的な学習等との連携、さらには包括的な単元の中に社会科の目標・内容・方法を位置づけた統合・融合により、地域の現実に多面的・多角的に迫る教科横断的な市民教育の試みが見られ

るようになってきた。防災・復興学習が意図する連帯感や主権者意識、合理的で批判的な思考力等の資質・能力を育成するためには、社会科単独での単元構想に拘泥することなく、先行実践に学びつつ地域や子どもの状況に応じて社会科の目標・内容・方法を組み込んだ新たな大単元の開発に挑戦することも期待される。ただ、こうした大単元の学習では、社会科学習が多様な学習の中に埋没する危険性があるため、社会科として育てたい資質・能力に対する評価の具体的な方策と計画的な実施が必要となる。

2-2　福島第一原発事故をめぐる防災・復興学習のさらなる探究

東日本大震災による福島第一原子力発電所の破綻は、底の知れない被害と科学技術への不信を招き、社会科教育にこれまでの防災・復興学習の再考を迫ることになった。事故原因は想定外の自然災害なのかそれともリスク設定の甘さによる人為災害なのか、放射能汚染の安全基準をどう考えるか、放射能情報の提供に関して行政やメディアはどうあるべきか等々、教育以前に市民、住民として問うべき問題が山積している状態である。

そうした中で、今後のエネルギーミックスをどうしていくか、汚染の現実と風評被害に対して「安全」と「安心」をどう捉えるか、放射能汚染を危惧した個人の判断・行動とその社会的な保障をどう考えるかなど、社会科に関わる問題についても議論されてきた。それらは原発事故の問題に止まらず、予想を超えた様々な大災害が多発する「リスク社会」が顕在化した今、社会科教育はそれといかに対峙するのかを考える端緒になったと思われる。

原発事故では、地震と津波で被災した地域に放射能汚染が広がったため、被害は一層複雑化・深刻化してリスクの連鎖が生じ、原発周辺では現在も今後の生活と社会のありようを見通すことができない状況である。一方で放射能汚染の被害を受けた地域でも内外の人々と繋がり、地域の再生や産業振興に取り組む人々は少なくない。「リスク社会」では、リスクの本質に加えその多様性や個別性に対する社会的理解と、公助に依存することなく自律しつつ他者と繋がって危機に対応ができる資質・能力の育成が期待される。

原発関係者など地域社会の多様な存在を意識して、原発事故やエネルギーの問題に取り組む授業実践が進められようとする今、現実の多様なリスクを取り上げた先行実践を考察することを通して、リスクコミュニケーション等の実現

を図る社会科教育を探究していくことが重要であろう。

3. 被災地以外の防災教育と社会科教育の展開

　中学校の新学習指導要領解説で「地域調査の方法」の調査例に地域の防災が取り上げられたので、防災学習の参考例として学習展開を概観したい。

防災を取り上げた「地域調査」の学習展開（解説の記載を要約して提示）
1　地域に被害を与える可能性が高い自然災害を取り上げ、「(例)周辺地域で、人々が地震及び津波や火災から身を守るにはどうしたらよいか」といった課題を設定する。
2　地元自治体のハザードマップや国土地理院の旧版地形図、土地利用図等を含む文献調査とともに、実際に学校周辺地域の観察や野外調査を行う。地図と実際の様子を照合する中で、地形や住宅地の分布等に留意し、浸水や土砂崩れ等の危険がある場所、避難場所の位置やその標高、道路網の状況、避難経路の安全性などを対象項目として調査する。
3　観察や調査で調べたことをベースマップに記入し、学校周辺地域の災害時における危険性や安全に避難するために必要な情報を地図等に表す。
4　作成した地図と地形図等を見比べ、予想される災害や危険性が高い場所の傾向性や規則性を読み取る。過去の災害の地図等から実際にどこでどのような災害が起こりやすいか、なぜそこで被害が生じたかなどを考え、災害の傾向や要因などと関連付けて見比べる。
5　地域の防災における課題を調べ、どのような場所でどのような自然災害が起こりやすいのかなど、自然環境の特色と自然災害との関係や人間の生活との関わりを整理する。それを確認するため必要に応じ、更に文献調査、観察や野外調査を行う。
6　作成した地図等を使い、調べて分かったことを根拠として示しながら意見を交換し、より合理的な解釈にしていく。その際の発表では、資料から読み取った事実と自分の解釈を分け、調査結果を文章で表現したり、分かりやすくグラフや表に示したり、地図を活用して表現したりする。

上記の展開を見ると、調査課題の設定、文献及び野外調査とまとめ、その考察・発表を軸とし、その過程で地図等の活用に関わるスキルの向上、調査結果に基づく規則性等の読み取り、自然環境の特色と人間の生活との関わりの理解、意見交換による合理的解釈などが意図されている。先の鹿妻小学校の実践も、実地調査によるマップづくりが展開の核になっているように、防災・復興学習で、発達に応じたマップづくりは有効な手立てであり、よく行われてきた。マップづくりで危険を視覚化する、地図に関わるスキルを習得することは重要であるが、防災・復興学習の充実では、マップを活用して何をするのか学ぶのかが、一層重視されなければならないはずである。

　避難施設を図上に記すだけでなく、自分の所在地からどこに避難するかを判断するためにマップを実際に活用する、調査した事実に基づいて安全に関する課題やまちづくりへの意見を議論するなど、マップに基づく問題追究と社会参画としての改善提案が重要であろう。これによりマップ自体の充実・深化をも図りたい。先の展開例もマップに基づく学習の深化を示すものであるが、後半の読み取りや理解、解釈は災害時の安全確保やまちづくり等に直結するものであり、地域の将来像を構想する「地域の在り方」、さらには公民的分野の学習といかなる関連付け、発展を図るかが課題となろう。

　このような学習の発展・深化は、学年や分野を超えて展開されることも多いため、それに対応できる柔軟なカリキュラムデザインが期待される。鹿妻小学校のように特定の学年での共通体験を積み重ねる以外に、例えば防災学習で作成したマップを保存し、学年進行に伴いマップや学習記録を蓄積してポートフォリオ評価に活用するなら、自己の学習内容を適時使用し、成長をメタ認知することも可能かもしれない。いずれにしても地域内に止まりがちな防災の授業実践をより広く共有し、各地域の授業づくりに援用することが求められる。

おわりに

　拙稿では、「社会科は大規模自然災害にどう向き合うのか」という課題に社会科教育は大規模自然災害に対して何をすべきか、また何ができるかという視点から、小学校の実践事例や中学校学習指導要領・解説などを取り上げて検討してきた。そのポイントとなるのは、次のような事項である。

①防災・復興教育から「社会に開かれた教育課程」の実現を考える、②新学習指導要領を生かした防災・復興教育カリキュラムをつくる、③防災・復興をテーマとする総合的な大単元の中で社会科学習の充実を図る、④先行実践等を自地域に応じてアレンジした授業づくりを行う、⑤複合的災害を前提とした「リスク社会」に対応する社会科教育を探究する。

①では地域ごとの事情は異なっても、大規模自然災害に対する防災・減災は喫緊の課題であり、地域社会と学校が連携して取り組む機会として防災・復興の授業づくりを前向きに活用すべきである。②では改訂で防災が重点とされたことを踏まえ、内容項目の関連や発展を考慮した教科横断的なカリキュラムづくりが課題となる。③では調査・校外交流・議論等の活動時間を保障できる大単元に、主権者意識等を育む社会科学習を埋め込み、適切に評価するといった試みも期待される。

④ではマップの活用による深い学びへの展開例だけでなく、市民、住民あるいはNPO等との協働など、多様な連携事例を教材研究の参考にすることができるのではないか。⑤では地震等の自然現象と原発事故といった複合的な大災害やグローバル化などに伴い深刻化する鳥インフルエンザ等々、顕在化する「リスク社会」を見つめた社会科授業論の充実を図らねばならない。

紙幅の関係で取り上げることができなかった、例えば災害弱者の存在と自助・共助・公助のあり方といったダイバーシティ教育、あるいはESD教育との関係などは、課題として残したままである。特に防災・復興学習から見えてくる少子高齢化や産業の衰退など、地域に根ざした課題にどのように立ち向かい、地域創生につながる学習へと転換・発展させていくのかは、社会科カリキュラムを検討するうえで、今後の大きな課題であろうと考える。

《注》
(1) 佐藤健「東日本大震災を乗り越える復興学習――宮城県石巻市立鹿妻小学校の取り組み」『小学社会通信　まなびと』教育出版、pp.2-7、2016

【参考文献】
坂井俊樹・竹内裕一・重松克也編著『現代リスク社会にどう向き合うか』梨の木舎、2013
山崎憲治「復興の鍵となる災害学習――レジリアントな社会創りに向けて」日本社会科教育学会『社会科教育研究』No.127、pp.1-13、2016

あとがき
──日本社会科教育学会としての役割──

　東日本大震災を受けて、日本社会科教育学会として何ができるか、何をしなくてはならないのか、議論が重ねられてきた。こうした中で、日本社会科教育学会としては、震災対応特別委員会を設置し、学会として東日本大震災に向き合うこととした。震災対応特別委員会は、2012年度から江口勇治会長のもと会長が自ら委員長となり活動が始まった。その後2014、15年度では坂井俊樹会長のもと池俊介委員長が就任し、委員会としての活動が継続された。坂井会長は、特に本委員会の活動を重視され、自ら調査にも関わり、学会活動の中心として東日本大震災に取り組む姿勢を明確に示された。委員会は、2016、17年度にも初澤敏生委員長のもとで継続され活動を続けた。当時期の森茂岳雄会長は、こうした委員会の活動を成果として残すべく、出版物にできるようにご尽力された。こうして本書が出版される運びとなった。

　このように災害対応特別委員会は、3期6年間にわたり活動を続けた。その活動は以下のようにまとめられる。2013年、2014年に福島県での調査、2016年に岩手県で調査をし、そうした調査を踏まえて、日本社会科教育学会の研究大会において、2015年に課題研究「被災地復興に社会科はどう向き合うか？」（宮城教育大）、2016年には被災地の学校での実践に基づいた「東日本大震災の経験をどのように授業に活かすか」（弘前大）、そして2017年には被災地以外の学校での実践を取り上げて「東日本大震災の経験をどのように授業に活かすか」（千葉大）をテーマに成果を発表し、会員と議論してきた。さらには、日本教育大学協会関東地区会との共催シンポジウムとして、2015年3月「原発事故に

よる被害と福島県の水産業の今——水産業の現状から社会科は何を学ぶか」を開催し、2016年2月に「原発事故で求められたメディアリテラシーと市民社会のリスクコミュニケーション」、2017年3月に「東日本大震災からの復興とまちづくり」、そして、2018年3月には委員会の最終的な研究成果報告会として「災害に社会科はどう向き合うか」を開いてきた。本書は、こうした調査、課題研究、シンポジウムで議論してきた内容を成果としたものである。

　東日本大震災は、災害として大きな被害をもたらしただけでなく、大きな教訓を我々に残した。被災者の方へのケアは7年以上たった現在でも続けられている。それだけ、大きな災害であったことをものがたっている。一方で、この災害が、遠くのものに感じるようになってきている人々がいることも否めない。こうした中で、常に災害を意識し、防災に備えるための教育は必須である。「災害は忘れたころにやってくる」ということは言われ続けている。型通りの防災訓練、自分のことと感じられない防災教育では、過去と同じ轍を踏むことになろう。ここに防災教育の大きな課題がある。持続的な社会づくりのための防災教育は、社会科教育での主要なテーマである。

　本書が、東日本大震災後7年以上たってから出版される意味は、東日本大震災の教訓を継続させるためである。そして、長期にわたる調査や実践を再度見直し、東日本大震災を風化させないためである。その意味では、今後とも、こうした災害を忘れないように、そしてその教訓を継続させていく努力が教育には求められてこよう。日本社会科教育学会では、本書の成果をもって、災害対応特別委員会の活動は終了するが、これは災害対応を学会として終了させるということではない。今後ともいかにこの教訓を活かし、社会科教育に反映させていくかを問い続けなければならない。このことは、学会だけでなく、社会科を教える教員にも同じことがいえる。集団として対応していくだけでなく、それを受けて社会科教育にたずさわる者たちがどう受け止め、どう教育に反映させるかを考えていかなければならない。その結果は、次の震災がきたときにあらわれる。次の震災は、いつになるかわからないが必ずくる。日本のどこで起こるかもわからない。しかし、いつくるかわからない災害に備えた教育、つま

りは防災のための教育はしなければならない。見えないものを対象とした学習は難しい。しかし、それが本書の担うべき役割でもある。こうした防災のための教育に、本書が役立つことを信じたい。

　なお、本書の出版にあたっては、明石書店の大江道雅社長をはじめ多くの方のお力添えがあった。皆様には深く御礼申し上げます。

井田　仁康
（日本社会科教育学会会長）

〈執筆者紹介〉（［　］は担当章、50音順）（◎は編集担当）

　天野和彦（あまの・かずひこ）［9章］
　福島大学特任教授

◎池　俊介（いけ・しゅんすけ）［13章］
　早稲田大学教授

　石井俊道（いしい・としみち）［17章］
　館山市立北条小学校教諭

　井田仁康（いだ・よしやす）［あとがき］
　筑波大学教授

　板垣雅則（いたがき・まさのり）［16章］
　浦安市立舞浜小学校教諭

　伊藤　守（いとう・まもる）［6章］
　早稲田大学教授

　大澤克美（おおさわ・かつみ）［20章］
　東京学芸大学教授

　大宮英揮（おおみや・ひでき）［18章］
　袋井市立浅羽南小学校教諭

　大矢英世（おおや・ひでよ）［7章］
　宮崎大学准教授

　小田隆史（おだ・たかし）［2章］
　宮城教育大学准教授

　鎌田和宏（かまた・かずひろ）［13章］
　帝京大学教授

　小玉重夫（こだま・しげお）［8章］
　東京大学教授

　小松拓也（こまつ・たくや）［15章］
　福島大学附属中学校教諭

　白尾裕志（しらお・ひろし）［5章］
　琉球大学准教授

◎初澤敏生（はつざわ・としお）［序に代えて、1章］
　福島大学教授

　濱田武士（はまだ・たけし）［4章］
　北海学園大学教授

　星　博子（ほし・ひろこ）［10章］
　仙台市立北六番丁小学校教諭

宮城豊彦（みやぎ・とよひこ）[19章]
東北学院大学教授

宮本静子（みやもと・しずこ）[12章]
名取市立増田中学校教諭

山崎憲治（やまざき・けんじ）[3、11章]
元岩手大学教授

渡邊智幸（わたなべ・ともゆき）[14章]
福島大学附属小学校教諭

【日本社会科教育学会】
　日本における社会科は、1947年9月から授業が開始された。社会科を理論的・実践的に研究することを目的に、1953年3月に学術雑誌『社会科教育研究』を創刊したのが、日本社会科教育学会である。小学校、中学校の社会科はむろんのこと、高等学校地理歴史科および公民科、大学での社会科教育をも含め、学校教育の社会科に関わることを研究対象とする。学会誌や研究大会といった研究の発信、啓蒙活動などを学会の柱として、「よき市民性」を育成する社会科の理論と実践の創造の場となることを目指している。
日本社会科教育学会ホームページ　http://socialstudies.jp/ja/index.html

社会科教育と災害・防災学習
―― 東日本大震災に社会科はどう向き合うか

2018年8月20日　初版第1刷発行

編　者　　日本社会科教育学会
発行者　　大　江　道　雅
発行所　　株式会社　明石書店
〒101-0021 東京都千代田区外神田 6-9-5
電　話　03（5818）1171
FAX　03（5818）1174
振　替　00100-7-24505
http://www.akashi.co.jp

組　版　　有限会社秋耕社
装　丁　　明石書店デザイン室
印刷・製本　モリモト印刷株式会社

（定価はカバーに表示してあります）　　ISBN978-4-7503-4709-7

JCOPY　〈(社)出版者著作権管理機構 委託出版物〉
本書の無断複写は著作権法上での例外を除き禁じられています。複写される場合は、そのつど事前に、(社)出版者著作権管理機構（電話 03-3513-6969、FAX 03-3513-6979、e-mail : info@jcopy.or.jp）の承諾を得てください。

防災教育 学校・家庭・地域をつなぐ世界の事例
ショウ・ラジブ、塩飽孝一、竹内裕希子編著
◎3300円

災害とレジリエンス ニューオリンズの人々はハリケーン・カトリーナの衝撃をどう乗り越えたのか
トム・ウッテン著　澤田晶子、ベンジャミン由里絵訳　保科京子訳
◎2800円

東日本大震災 教職員が語る子ども・いのち・未来 あの日、学校はどう判断し、行動したか
宮城県教職員組合編
◎2200円

資料集 東日本大震災・原発災害と学校 岩手・宮城・福島の教育行政と教職員組合の記録
国民教育文化総合研究所 東日本大震災と学校 資料収集プロジェクトチーム編
◎18000円

資料集 東日本大震災と教育界 法規・提言・記録・声
大森直樹、渡辺雅之、荒井正剛、倉持伸江、河合正雄編
◎4800円

東日本大震災後の持続可能な社会 世界の識者が語る診断から治療まで
林良嗣、安成哲三、神沢博、加藤博和 名古屋大学グローバルCOEプログラム「地球学基礎・臨環境学への展開」編
◎2500円

教育を紡ぐ 大槌町 震災から新たな学校創造への歩み
山下英三郎、大槌町教育委員会編著
◎2200円

南三陸発！志津川小学校避難所 59日間の物語～未来へのメッセージ～
志津川小学校避難所自治記録保存プロジェクト実行委員会、志水宏吉・大阪大学未来共生プログラム編
◎1200円

試練と希望 東日本大震災・被災地支援の二〇〇〇日
公益社団法人シャンティ国際ボランティア会編
◎2500円

東日本大震災を分析する1・2
平川新、今村文彦、東北大学災害科学国際研究所編著
◎各3800円

2017小学校学習指導要領の読み方・使い方 「術」「学」で読み解く教科内容のポイント
大森直樹、中島彰弘編著
◎2200円

2017中学校学習指導要領の読み方・使い方 「術」「学」で読み解く教科内容のポイント
大森直樹、中島彰弘編著
◎2200円

社会情動的スキル 学びに向かう力
経済協力開発機構（OECD）編著　ベネッセ教育総合研究所企画・制作　無藤隆、秋田喜代美監訳
◎3600円

社会科アクティブ・ラーニングへの挑戦 社会参画をめざす参加型学習
風巻浩著
◎2800円

18歳成人社会ハンドブック 制度改革と教育の課題
田中治彦編著
◎2500円

教師と人権教育 公正、多様性、グローバルな連帯のために
オードリー・オスラー、ヒュー・スターキー著　藤原孝章、北山夕華監訳
◎2800円

〈価格は本体価格です〉